Capitalismo e impulso de morte

Dados Internacionais de Catalogação na Publicação (CIP)
(Câmara Brasileira do Livro, SP, Brasil)

Han, Byung-Chul, 1959-
  Capitalismo e impulso de morte : ensaios e entrevistas / Byung-Chul Han ; tradução de Gabriel Salvi Philipson. – 1. ed. – Petrópolis, RJ : Vozes, 2021.

  Título original: Kapitalismus und Todestrieb

  Bibliografia

  3ª reimpressão, 2024.

  ISBN 978-65-5713-128-2

  1. Capitalismo 2. Ensaios 3. Filosofia 4. Sociedade I. Philipson, Gabriel Salvi. II. Título.

  21-63255   CDD-306.342

Índices para catálogo sistemático:
1. Capitalismo : Sociologia 306.342

Aline Graziele Benitez – Bibliotecária – CRB-1/3129

BYUNG-CHUL HAN
Capitalismo e impulso de morte
Ensaios e entrevistas

Tradução de Gabriel Salvi Philipson

Petrópolis

© Matthes & Seitz Berlin Verlag, Berlin, 2019.

Tradução do original em alemão intitulado *Kapitalismus und Todestrieb. Essays und Gespräche* (incluindo o ensaio *In Your Face*, em apêndice).

Direitos de publicação em língua portuguesa – Brasil:
2021, Editora Vozes Ltda.
Rua Frei Luís, 100
25689-900 Petrópolis, RJ
www.vozes.com.br
Brasil

Todos os direitos reservados. Nenhuma parte desta obra poderá ser reproduzida ou transmitida por qualquer forma e/ou quaisquer meios (eletrônico ou mecânico, incluindo fotocópia e gravação) ou arquivada em qualquer sistema ou banco de dados sem permissão escrita da editora.

CONSELHO EDITORIAL

Diretor
Volney J. Berkenbrock

Editores
Aline dos Santos Carneiro
Edrian Josué Pasini
Marilac Loraine Oleniki
Welder Lancieri Marchini

Conselheiros
Elói Dionísio Piva
Francisco Morás
Gilberto Gonçalves Garcia
Ludovico Garmus
Teobaldo Heidemann

Secretário executivo
Leonardo A.R.T. dos Santos

Diagramação: Sheilandre Desenv. Gráfico
Revisão gráfica: Nilton Braz da Rocha
Capa: Editora Vozes

ISBN 978-65-5713-128-2 (Brasil)
ISBN 978-3-95757-830-3 (Alemanha)

Este livro foi composto e impresso pela Editora Vozes Ltda.

Sumário

Capitalismo e impulso de morte, 7

Por que hoje uma revolução não é possível?, 31

A exploração total do ser humano, 41

No panóptico digital, 51

Apenas a morte é transparente, 61

Dataísmo e niilismo, 73

Vazio atroz, 78

O homem saltitante, 89

De onde vêm os refugiados?, 94

Onde moram os caras selvagens, 101

Quem é o refugiado?, 112

A beleza está no estrangeiro, 120

A urgência de tudo, 130

In your face – A pornograficação das artes ou da coação de ir sem desejo às coisas, 136

Entrevistas
O Eros vence a depressão, 146
O capitalismo não gosta do silêncio, 164

Notas, 185

Referências dos textos, 187

Capitalismo e impulso de morte

O que hoje chamamos de crescimento é, na realidade, uma proliferação cancerígena e sem rumo. Vivemos atualmente um delírio de produção e de crescimento que se parece com um delírio de morte. Ele simula uma vitalidade que oculta a proximidade de uma catástrofe mortal. A produção se assemelha cada vez mais a uma destruição. É possível que a autoalienação da humanidade tenha atingido um grau tal que ela experimentará seu próprio aniquilamento como um gozo estético. O que Walter Benjamin disse em sua época sobre o fascismo vale hoje para o capitalismo.

Confrontado pela destrutividade da humanidade, Arthur Schnitzler a compara com o bacilo. Segundo essa comparação, a história da humanidade transcorre como uma doença contagiosa mortal. Crescimento e autodestruição são uma coisa só: "não seria então impensável que a humanidade signifique uma doença para algum organismo maior, na condição de um todo inconcebível por nós, no interior do qual ela encontra as condições, necessidades e o sentido de sua existência. Também não seria impensável que ela procure aniquilar tal organismo e, finalmente, quanto mais se desenvolve, que ela deva aniquilá-lo – justamente como o gênero dos bacilos aspira aniquilar o indivíduo humano 'doente'"[i]. A humanidade é acometida de uma cegueira mortal. Ela é capaz de reconhecer apenas organizações e ordenações mínimas. Diante de organizações maiores, ela é tão cega quanto os bacilos. Assim, a história da humanidade é uma "luta eterna contra o divino" que "necessariamente é aniquilado pelo humano".

Freud partilharia irrestritamente do pessimismo de Schnitzler. O ser humano com sua "agressão cruel" é, escreve Freud em *O mal-estar na cultura*, uma "besta selvagem a quem é estranha a proteção da própria espécie"[ii]. A humanidade destrói a si mesma. Embora Freud fale ocasionalmente que a razão seria capaz de reconhecer ordenações superiores, o ser humano é dominado em última instância pelo impulso. Freud responsabiliza o impulso de morte pela inclinação agressiva do ser humano, A crise econômica mundial irrompeu apenas alguns meses depois de ter concluído *O mal-estar na cultura*. Freud poderia ter afirmado então que o capitalismo representa a forma econômica na qual o ser humano, na condição de besta selvagem, pode viver e aproveitar melhor sua agressividade.

Diante da destrutividade do capitalismo, mostra-se evidente associá-lo com o impulso de morte de Freud. O economista francês Bernard Maris, morto em 2015 no ataque terrorista ao *Charlie Hebdo*, defende, em seu estudo *Capitalisme et pulsion de mort*, a tese: "a grande astúcia do capitalismo consiste em canalizar as forças de destruição, o impulso de morte, desviando na direção do crescimento"[iii]. O impulso de morte, da qual o capitalismo faz uso para seus próprios fins, se revela, essa a tese de Maris, como fatalidade. Suas forças destrutivas impõem-se com o tempo e atropelam a vida.

Seria o impulso de morte de Freud de fato apropriado para explicar o processo destrutivo do capitalismo? Ou no capitalismo reina um tipo completamente diferente de impulso de morte que escapa à teoria do impulso de Freud? A fundamentação do impulso de morte de Freud é puramente biológica. Em algum momento, especula ele, as propriedades da vida despertaram na matéria inanimada devido a uma grande força. A tensão criada no material inanimado procurou se dissipar. Foi assim que se formou, no ser vivo, o impulso para retornar ao estado inanimado. Nascia o impulso de morte: "*A meta de toda vida é a morte*, de modo a retroceder: *o inanimado já existia antes de existir o que é vivo*"[iv]. O impulso de morte faz esmaecer todas as instâncias da vida, fazendo delas "satélites da morte". O impulso de vida não tem nenhuma meta própria. Até mesmo o impulso de poder e o de autoconservação são impulsos parciais que se destinam somente a "assegurar o próprio caminho da morte do organismo, mantendo afastadas outras possibilidades de retorno ao inorgânico que não sejam a imanente"[v]. Todo organismo quer morrer apenas do seu modo. Ele se opõe, assim, a influências estrangeiras que "poderiam ajudá-lo a alcançar sua meta de vida por um caminho mais curto (por curto-circuito, seria possível dizer)"[vi]. A vida não é outra coisa do que o ser para morte a cada vez meu. É evidente que a ideia do impulso de morte causou uma fascinação constante. A despeito de uma hesitação inicial, Freud logo se apegou a ela: "a suposição do impulso de morte ou de destruição encontrou resistência até mesmo em círculos analíticos [...]. Considerei as interpretações aqui desenvolvidas apenas em caráter experimental, mas com o decorrer do tempo elas ganharam tal poder sobre mim que eu não posso mais pensar de outro modo"[vii].

A ideia do impulso de morte fascinou Freud provavelmente porque é possível recorrer a ela para explicar o impulso de destruição humano. O impulso de morte trabalha no interior dos seres vivos pela sua dissolução. Esse processo de morte foi interpretado por Freud como resultado de uma autodestruição ativa. Assim, o impulso de morte se revela acima de tudo como autoagressão. Apenas o impulso de vida, o Eros, assegura que o impulso de morte seja transmitido ao exterior, contra os objetos. A agressão ao que é estranho e estrangeiro protege o ser vivo da autodestruição: "o impulso (de morte) seria, então, até mesmo coagido a ficar a serviço de Eros, na medida em que o ser vivo aniquilava outras coisas, animadas ou inanimadas, em vez de a si mesmo. Inversamente, os limites impostos a essa agressão dirigida ao exterior teriam de intensificar a autodestruição, que de qualquer maneira sempre está presente"[viii].

Em relação ao impulso de morte, Freud não faz nenhuma diferenciação entre o ser humano e os outros seres vivos. O impulso de morte é inerente a *todos* os seres vivos na condição de anseio de retornar ao estado inanimado. É a esse impulso de morte que Freud remete a agressão. Ao fazer isso, reúne dois impulsos bastante diferentes. A tendência inerente ao organismo de reduzir as tensões e, por fim, de morrer, não pressupõe necessariamente forças destrutivas. Se o impulso de morte for concebido como a redução sucessiva das forças de vida, não se pode derivar dele um impulso de destruição. Além disso, o impulso de morte não explica a agressão especificamente *humana*, pois o ser humano a partilha com todos os outros seres vivos. O ser humano, contudo, é agressivo e sobretudo cruel em uma medida particular. Nenhum outro ser vivo é capaz de uma raiva destrutiva cega. O sadismo também é reduzido por Freud ao mesmo impulso de morte: "no sadismo, no qual ele (o impulso de morte) retorce a meta erótica em seu favor, ao mesmo tempo em que satisfaz completamente o anseio sexual, obtemos a mais clara visão de sua natureza e de suas relações com Eros. Mas mesmo onde ele aparece sem propósitos sexuais, até na mais cega fúria destrutiva, é impossível ignorar que a sua satisfação está ligada a um gozo narcísico extraordinariamente alto, na medida em que essa satisfação mostra ao eu o cumprimento de seus antigos desejos de onipotência"[ix]. O impulso de morte, na condição de anseio inerente a todo ser vivo de retornar ao estado inanimado, não explica o gozo decididamente narcísico que a violência sádica prepara ao eu. É preciso que seja pressuposto para o sadismo um tipo totalmente diferente de impulso de destruição.

A força locomotora do capitalismo é, segundo Maris, o impulso de morte que é colocado a serviço do crescimento. Permanece sem resposta, contudo, a questão sobre o que cria tal coação de crescimento irracional que faz do capitalismo tão destrutivo. O que coage o capitalismo à acumulação cega? Aqui é a morte que está em questão. O capitalismo está baseado na negação da morte. O capital é acumulado contra a morte como prejuízo absoluto. A morte cria a coação de produção e crescimento. Maris não dispensa à morte nenhuma atenção. O próprio Freud não se dedica propriamente à morte. O impulso de morte como desejo de morte leva justamente tal morte ao desaparecimento que se revela como angústia. É significativo que Freud não tenha em conta que todo ser vivo esteja em luta contra a morte. Soa curioso sua observação de que, ao aceitar o desejo de morte, "deixa de existir o anseio enigmático e fora de qualquer contexto do organismo de se afirmar em face do mundo todo"[x]. Não é absurda a tese, então, de que a ideia de impulso de morte de Freud representa, em última análise, uma estratégia inconsciente de recalque da morte[xi].

A agressão especificamente humana, a *violência*, está intimamente relacionada com a consciência da morte que é própria somente ao ser humano. Uma lógica de acumulação domina a economia da violência. Tem-se a sensação de que se está mais poderoso, quanto mais violência se exerce. A violência que mata produz uma sensação de crescimento, força, poder, invulnerabilidade e imortalidade. É justamente nesse crescimento de poder que diminui o gozo narcísico da violência sádica. Matar protege da morte. Apodera-se da morte ao se matar. Usar mais violência e matar mais significa morrer menos. A corrida do armamento nuclear também segue essa economia capitalista da violência. A riqueza acumulada para matar é imaginada como riqueza para sobreviver.

A espiral de violência da vingança ilustra a economia arcaica da violência. Na sociedade arcaica toda morte é interpretada como consequência de um efeito de violência. Assim, mesmo a morte "natural" pode desencadear uma vingança. A violência sofrida que levou à morte é posta em oposição a uma contraviolência. Toda morte enfraquece o grupo. Assim, é preciso matar, para que a sensação de poder seja reestabelecida. A vingança não é uma revanche, um castigo. Ninguém será responsabilizado aqui. O castigo racionaliza justamente a vingança, impedindo o seu intumescimento em forma de avalanche. Ao contrário do castigo, a vingança é sem direção. Justamente por isso ela é tão devastadora. Pode até mesmo acontecer que o grupo decidido a se vingar mate gente que não esteja envolvida com a questão. Aquiles vinga a morte de seu amigo

Pátroclo ao matar e fazer com que matem indiscriminadamente. Não são somente os inimigos que são mortos. Um considerável número de animais é abatido.

A etimologia do dinheiro aponta para a relação entre sacrifício e ritual. O dinheiro originalmente é um meio de troca com o qual se adquire animais para o sacrifício. Quem possui muito dinheiro passa a possuir um poder-violência divino de matar: "dinheiro é, desde sua raiz no sacrifício ritual, por assim dizer um sacrifício congelado. Lançar dinheiro, deixá-lo fluir e vê-lo fluir, produz um efeito semelhante ao do sangue que flui na batalha ou no altar sacrificial"[xii]. O dinheiro acumulado confere ao seu proprietário um *status* de predador. Ele fica imunizado contra a morte. No plano psicológico mais profundo, persiste a crença arcaica de que a riqueza acumulada para matar, a riqueza crescente de capital, previne a morte.

A lógica de acumulação do capital corresponde exatamente à economia arcaica da violência. O capital se comporta como uma mana moderna. Mana significa aquela substância de poder secreta que se adquire ao matar. Ela é acumulada para produzir uma sensação de poder e invulnerabilidade: "julgava-se que o guerreiro continha em seu corpo a mana de todos aqueles que ele tinha matado. [...] A cada vez que matava, aumentava a mana de sua lança. [...] Para absorver a mana imediatamente, ele comia da carne do morto; e para captar esse crescimento de poder em uma batalha em si, carregava como parte de seus armamentos algum resquício corporal do inimigo em si derrotado – um osso, uma mão seca, às vezes até mesmo um crânio inteiro"[xiii]. A acumulação de capital tem o mesmo efeito da mana. O capital crescente significa um poder crescente. Ter mais capital significa morrer menos. O capital é acumulado para escapar da morte. O capital pode ser entendido também como tempo coagulado. O capital infinito cria a ilusão de um tempo infinito. Tempo é dinheiro. Face ao limitado tempo de vida, o que se acumula é tempo de capital.

É possível ler a narrativa de Chamisso, *A história maravilhosa de Peter Schlemihl*, como uma alegoria da economia capitalista. Schlemihl vende ao diabo sua sombra e recebe em troca um saco cheio de ouro que nunca se esgota. O saco de ouro simboliza o capital infinito. O pacto com o diabo se revela como pacto com o capitalismo. A sombra, que representa o corpo e a morte, está fadada a desaparecer no capital infinito. Schlemihl logo percebe, contudo, que não é possível levar uma vida sem sombras. Peregrina pelo mundo como um morto-vivo. O que a narrativa ensina é: a morte pertence à vida. A narrativa termina com a advertência: "tu, meu amigo, porém, queres viver entre os humanos, aprenda então a adorar antes de tudo a sombra, só então o dinheiro".

O capitalismo é obcecado pela morte. O temor inconsciente da morte o impulsiona. Sua coação de acumulação e de crescimento desperta face à ameaça da morte. Elas criam não apenas catástrofes ecológicas, mas também mentais. A coação de desempenho é destrutiva, fazendo com que autoafirmação e autodestruição sejam uma coisa só. As pessoas se otimizam para morrer. Autoesgotamento indiscriminado leva a um colapso mental. A luta brutal de concorrência atua de modo destrutivo. Ela produz uma frieza de sentimentos e uma indiferença diante dos outros que traz consigo uma frieza e indiferença perante a si próprio.

Nas sociedades capitalistas os mortos e os moribundos são cada vez menos visíveis. A morte, contudo, não pode desaparecer tão facilmente. Se, porventura, não existir mais a fábrica, o trabalho está em toda parte. Se o sanatório mental desaparece, é porque a loucura se tornou normalidade. Com a morte se passa o mesmo. Se os mortos não são mais vistos, a vida está coberta por uma rigidez cadavérica. A vida se congela para sobreviver: "ao recalcar a morte em sobrevivência, a vida mesma [...] é apenas ainda uma sobrevida determinada pela morte"[xiv].

Separar a vida da morte, o que é constitutivo para a economia capitalista, cria a *vida morta-viva*, a *morte-em-vida*. O capitalismo gera um impulso de morte paradoxal, pois leva a vida à morte para que a vida viva. A sua aspiração à vida imortal é mortal. Zumbis de botox, *fitness* ou de desempenho são aparências da vida morta-viva. Ao morto-vivo falta vivicidade. Apenas a vida que incorpora a morte em si é realmente viva. A histeria da saúde é a *aparência biopolítica do próprio capitalismo*.

Em sua aspiração pela vida imortal, o capitalismo faz surgir *necrópoles*, espaços antissépticos da morte, purificados de sons e cheiros humanos. Os processos da vida se transformam em procedimentos maquinais. A adaptação total da vida humana à funcionalidade é já uma cultura da morte. O princípio do desempenho aproxima o ser humano da máquina e o aliena de si mesmo. Dataísmo e inteligência artificial reificam o próprio pensamento. O pensamento se faz cálculo. Lembranças vivas são substituídas por memória maquinal. Apenas os mortos se lembram de tudo. Fazenda de servidores são um lugar da morte. Estamos nos enterrando vivos para sobreviver. Na esperança de uma sobrevivência, acumulamos o valor morto, o capital. O mundo vivo é aniquilado pelo capital morto. Nisso consiste o impulso de morte do capital.

Uma *necrofilia* que transforma a vida em coisa inerte é o que domina o capitalismo. Uma dialética funesta da sobrevivência faz com que a vida se converta em morte, em morto-vivo. Erich Fromm escreve sobre o mundo dominado pela necrofilia: "o mundo torna-se uma soma de artefatos inanimados; da alimentação sintética aos órgãos sintéticos, o ser humano inteiro se torna componente da maquinaria total, que ele controla ao mesmo tempo que é controlado por ela. [...] Sua aspiração é produzir robôs, o que é visto como uma das maiores façanhas do desempenho do espírito técnico, e existe especialistas que nos garantem que se poderá diferenciar com dificuldade os robôs dos seres humanos vivos. Essa façanha nos parecerá menos impressionante quando os próprios humanos já não puderem mais se diferenciar dos robôs. O mundo dos vivos tornou-se um mundo dos 'não vivos'; os seres humanos tornaram-se 'não humanos' – um mundo da morte. Não simboliza mais a morte excrementos ou corpos mortos com cheiro desagradável. Os símbolos da morte são agora as máquinas limpas e brilhantes [...]"[xv]. A vida imortal, a vida morta-viva, é uma vida reificada, maquinal. *A imortalidade será alcançável, assim, apenas ao custo da vida.*

O sistema capitalista que decalca a morte pode terminar apenas através da morte. Baudrillard tinha em mente um impulso de morte particular que usou contra a versão freudiana do impulso de morte, radicalizando-o a uma revolta da morte: "em um sistema que exige que se continue vivendo e que capitaliza a vida, o impulso de morte é a única alternativa"[xvi]. Ao entrar a morte, a revolta mortal rompe o sistema capitalista que nega a morte, interrompendo a troca simbólica com a morte. Baudrillard pensava o *simbólico* como a esfera na qual vida e morte ainda não estariam separadas uma da outra. É oposta ao *imaginário* da vida imortal. A revolta da morte faz com que o sistema capitalista se rompesse no simbólico: "[...] ninguém, nem mesmo o sistema, escapa à obrigação simbólica, e nesse caso está a única chance de provocar sua catástrofe. [...] *Em reação ao desafio múltiplo da morte e do suicídio, o sistema deve matar a si mesmo*"[xvii].

Os protagonistas de Baudrillard da revolta da morte são suicidas de todos os tipos. Mesmo ao terrorismo é concedido um potencial subversivo. Um atentado suicida, contudo, opõe a morte *real* ao sistema que nega a morte. Seu ato violento de matar não é capaz de abrir o sistema para a troca *simbólica* com a morte. O terrorismo é uma aparência sintomática do próprio sistema capitalista e não sua contraimagem. A brutalidade e a frieza de quem comete um atentado suicida reflete as da sociedade capitalista. Além disso, compartilha do psicodrama dos habitantes dessa sociedade. O suicídio toma a forma de uma *autoprodução*. É fantasiada como uma *selfie* derradeira. O ato de dar o clique para explodir a bomba é equivalente ao de apertar o botão da câmera. Quem comete um atentado suicida tem consciência que imediatamente após o seu ato sua foto irá circular massivamente nas mídias. Sua recompensa é em atenção, que até então lhe era negada. Quem comete um atentado suicida é um narcísico com um cinto de explosivos. Assim, o terrorismo pode ser concebido como o último ato de autenticidade.

A revolta dos mortos não será capaz de liberar o sistema capitalista. É preciso uma outra forma de vida que revogue a separação entre vida e morte, fazendo a vida compartilhar novamente da morte. Toda revolução política deve anteceder uma revolução de consciência que restitua a morte à vida. É preciso que se esteja consciente que a vida é viva apenas em troca com a morte, que a rejeição da morte destrói o presente vivo: "a batalha contra a morte leva a um predomínio do passado e do futuro, enquanto se perde o presente – e até mesmo a vida"[xviii].

A morte na condição de fim da vida biologicamente compreendida não é o único modo, nem o verdadeiro, de morte. É possível também compreender a morte como um processo continuado, no qual se perde paulatinamente a identidade já durante a vida. A morte então começa antes da morte. A identidade do sujeito é essencialmente mais complexa do que a da constância de um nome. O sujeito se desvia sempre de si mesmo. A ideia moderna da morte é determinada por uma representação que se orienta pela função biológica. Ela localiza a morte no corpo que, em determinado momento, para de funcionar.

Bataille concebe a morte como uma forma intensiva de vida. A morte confere intensidades à vida. Ela é uma exuberância, um excesso, uma extravagância, uma exorbitância, uma gastança. A vertigem que vem da morte é essencialmente uma experiência erótica: "não há amor se não estiver em nós *como a morte*"[xix]. Bataille faz seu texto *O erotismo* iniciar com a seguinte frase: "Pode-se determinar o erotismo como o dizer sim à vida até na morte"[xx]. Enquanto Freud opõe o Eros ao impulso de morte, Bataille invocava a vizinhança entre morte e Eros. O impulso de vida, elevado ao extremo, se aproxima do impulso de morte, ao ser, em oposição ao de Freud, contudo, uma manifestação da própria vida. O erótico é o meio no qual a vida e a morte se trocam. Como exuberância e exorbitância, a morte representa o princípio da antieconomia. Ela atua de modo subversivo contra o sistema capitalista: "em um sistema no qual a vida é determinada pelo valor e pela utilidade, a morte se torna um luxo inútil e a única alternativa"[xxi]. O erotismo é uma aventura da continuidade. Ele rompe com a descontinuidade do indivíduo isolado para si no qual a economia está baseada. Ele dá a morte ao eu. A morte é um *se-perder-no-outro* que põe fim ao narcisismo.

O capitalismo é organizado segundo necessidade e desejo espelhados em consumo e produção. Paixões e intensidades dão lugar a sentimentos agradáveis e a estímulos sem consequências. Tudo é nivelado em formas de consumo e de gozo. Negatividades como a dor são postas de lado em nome da positividade da satisfação das necessidades. A morte é a negatividade por excelência. A coação de produção a abole. O amor também se adapta ao processo capitalista e se atrofia em sexualidade na condição de necessidade. O outro degrada-se em objeto sexual, no qual o sujeito narcísico satisfaz sua necessidade. O outro, do qual a outridade é retirada, pode ainda ser apenas consumido.

Com sua negação da morte, o capitalismo herda a metafísica. Ele constitui uma metafísica materialista que aspira ao capital infinito. Já Platão sonhava com uma cidade sem os mortos. Em seu Estado ideal, domina uma discriminação rigorosa da morte. Toda terra arável, como está escrito nas *Leis*, deve estar livre de túmulos. Os túmulos devem ser situados de tal modo que os vivos não sofram nenhuma inconveniência. Os mortos não podem ser mantidos em casa mais do que o necessário, no máximo três dias, e apenas para que se possa detectar uma morte aparente. Platão proíbe aos vivos a troca simbólica com a morte. Os mortos lembram da morte que deve ser recalcada. São tratados como rejeitos que devem ser eliminados o mais rápido possível. A vida, contudo, que evita a morte como uma imundice, terá que se sufocar em seus próprios excrementos.

À metafísica que nega a morte Adorno opõe o pensamento que "toma para si a consciência não diminuída, nem sublimada, da morte"[xxii]. O que é decalcado na morte deve ser absorvido pela consciência em toda a sua gravidade. A consciência humana é algo mortal. Adorno também sabia que a vida que nega a morte como algo meramente destrutivo desenvolve ela mesma traços destrutivos, de tal modo que a saúde passa a ser uma ideologia, uma doença, do capital. A histeria da sobrevivência desforma a vida. Ao crescimento repugnante e cancerígeno da vida, Adorno opõe o belo inervado da negatividade da morte: "A proliferação dos saudáveis é como tal sempre ao mesmo tempo doença. Seu antídoto é a doença como a consciência da doença, a contenção da própria vida. Tal doença salutar é o belo. Exige à vida que se detenha e, com isso, seu declínio. Caso, contudo, se negue a doença em prol da vida, a vida hipostasiada, então, em virtude de seu desprendimento cego do outro momento, passa justamente a ser aquela morte destrutiva e má, insolente e jactante. Quem odeia o que é destrutivo, deve odiar junto a vida: apenas a morte é a parábola do vivo não deformado"[xxiii]. Vivacidade é amabilidade. Amável é a vida que é capaz de morrer.

Apesar de sua relação ambivalente com a morte, Freud é plenamente consciente da necessidade de uma conciliação entre vida e morte. O recalque inconsciente da morte dá lugar ao consentimento consciente da morte: "não seria melhor conceder à morte um lugar correspondente na realidade e em nossos pensamentos, trazendo à tona um pouco mais nossa atitude inconsciente em relação à morte que até agora temos reprimido tão cuidadosamente? Não parece ser um desempenho maior, está mais para um passo para trás, uma regressão, em certas partes, mas tem a vantagem de levar mais em conta a veracidade e de tornar para nós a vida mais suportável"[xxiv]. Dizer sim à vida significa dizer sim também à morte. A vida que nega a morte, nega a si mesma. Apenas uma forma de vida que devolve a morte à vida nos livra do paradoxo da vida morta-viva: *somos demasiado vivos para morrer, e demasiado mortos para viver.*

Por que hoje uma revolução não é possível?

Duas críticas ao capitalismo se confrontaram quando eu e Antonio Negri, há pouco tempo, fizemos um debate no *Schaubühne* de Berlim. Negri se entusiasmava por possibilidades de resistências globais contra o "império", o sistema dominante neoliberal. Apresentou-se como revolucionário comunista, me chamando de professor cético. Invocou enfaticamente a "multitude", a massa revolucionária conectada e que protesta, que ele considera capaz de levar à queda do império. A mim, a posição do revolucionário comunista pareceu por demais ingênua e fora da realidade. Foi por isso que eu tentei explicar ao Negri por que hoje uma revolução já não é possível.

Por que o sistema dominante neoliberal é tão estável? Por que há tão poucas resistências e oposições a ele? Por que tão rapidamente todas elas não levam a nada? Por que hoje uma revolução não é possível, a despeito do abismo cada vez maior entre ricos e pobres? Para explicar isso é preciso compreender de maneira precisa como funciona hoje a dominação.

Quem quiser instalar um novo sistema dominante deve eliminar a resistência e a oposição. Isso vale também para o sistema dominante neoliberal. Para implantar um novo sistema dominante é necessário que um poder se ponha, o que com frequência é acompanhado de violência. Mas esse poder que se põe não é idêntico com o poder que estabilizava o sistema desde seu interior. Sabe-se como Margaret Thatcher, na condição de militante pioneira do neoliberalismo, tratou os "sindicatos" como "inimigos internos", combatendo-os com violência. A intervenção violenta para a implementação da agenda neoliberal, contudo, não é esse poder que sustenta o sistema.

O poder que sustenta o sistema da sociedade disciplinar e industrial era repressivo. Trabalhadores eram explorados brutalmente pelos donos das fábricas. Essa exploração estrangeira violenta dos trabalhadores levava, então, a protestos e resistências. Era possível aqui uma revolução que derrubasse a relação dominante de produção. Nesse sistema repressivo não só a opressão mas também o opressor são visíveis. Há um opositor concreto, um inimigo visível contra quem se opor.

O sistema dominante neoliberal está estruturado de uma maneira completamente diferente. O poder que o sustenta não é mais repressivo, mas sedutor, ou seja, fascinante. Não é tão visível quanto era no regime disciplinar. Não há mais um opositor concreto, um inimigo que oprime a liberdade e contra o qual seria possível fazer uma resistência.

O neoliberalismo moldou o trabalhador oprimido em um empreendedor livre, um empreendedor de si mesmo. Cada um é hoje um trabalhador autoexplorado de seu próprio empreendimento. Cada um é senhor e escravo na mesma pessoa. A luta de classes também se transformou em luta interior consigo mesmo. Quem fracassa hoje, culpa a si mesmo, envergonhado. Problematiza-se a si mesmo em vez de problematizar a sociedade.

É ineficiente um poder disciplinador que, com grande esforço, restringe e coage com violência em um espartilho de comandos e proibições. É essencialmente mais eficiente a técnica de poder que zela para que as pessoas se subordinem por si mesmas à relação de dominação. Sua eficiência particular baseia-se em não funcionar por proibição e privação, mas por curtição e realização. Em vez de fazer as pessoas obedientes, esse poder procura torná-las dependentes. Essa lógica eficiente do neoliberalismo vale também para o controle. Nos anos de 1980 as pessoas protestaram veementemente contra o censo demográfico. Até mesmo os estudantes foram às ruas.

Da perspectiva atual, são quase ridículos dados como profissão, grau de formação ou distância do trabalho. Naquela época, as pessoas acreditavam que estavam fazendo oposição ao Estado como instância dominante que arrancava informações dos cidadãos contra suas vontades. Essa época já se foi faz tempo.

Hoje, nos expomos por livre e expontânea vontade. É essa liberdade sentida que torna impossível os protestos. Ao contrário dos tempos do censo demográfico, hoje estamos longe de protestar contra o controle. A autoiluminação e a autoexposição livres seguem a mesma lógica da eficiência da autoexploração livre. Protestar contra o quê? Contra si mesmo? Essa situação paradoxal foi expressa pela artista conceitual americana Jenny Holzer, com o seguinte "truísmo": "*protect me from what I want*" – me proteja do que eu quero.

É importante distinguir entre o poder que se põe e o que se conserva. O poder que conserva o sistema assume hoje uma forma *smart*, inteligente e amigável, tornando-se assim invisível e inatacável. O sujeito submetido não tem aqui nem sequer consciência de sua submissão. Supõe-se em liberdade. Essa técnica de dominação neutraliza a resistência de um jeito muito efetivo. A dominação que oprime e ataca a liberdade não é estável. O regime neoliberal é tão estável, tão imunizado contra qualquer resistência e oposição, justamente porque faz uso da liberdade em vez de oprimi-la. A opressão da liberdade provoca rapidamente resistência. A exploração da liberdade, ao contrário, não.

Após a crise asiática, a Coreia do Sul estava paralisada e em choque. O Fórum Econômico Mundial veio então para dar crédito aos coreanos. Para tanto, o governo precisou implementar a agenda neoliberal de modo violento contra protestos. Esse poder repressivo é o poder que se põe recorrendo com frequência à violência. Mas esse poder que se põe se distingue do poder que mantém o sistema que se dá até mesmo como liberdade no regime neoliberal. Para Naomi Klein, o estado social de choque após as catástrofes como a da crise financeira na Coreia do Sul ou na Grécia é a oportunidade de subjugar a sociedade violentamente a uma nova programação radical. Na Coreia do Sul hoje não existe nenhuma resistência. Reina, ao contrário, um grande conformismo e um consenso em relação à depressão e ao *burnout*, o esgotamento. A Coreia do Sul tem hoje a maior taxa mundial de suicídio. Violenta-se a si mesmo, em vez de querer modificar a sociedade. A agressão ao exterior, que poderia levar a uma revolução, dá lugar a uma auto-agressão.

Hoje não há uma multitude cooperativa, conectada, que possa se levantar em um protesto e revolução de massa. Ao contrário, a solidão do autoempreendedor isolado para si, solitário, constitui o modo de produção atual. Antigamente as empresas entravam em concorrência umas com as outras. Hoje concorrem todos contra todos, um contra o outro, até mesmo no interior de uma empresa. Essa concorrência absoluta aumenta tremendamente a produtividade, mas acaba destruindo a solidariedade e o senso cívico. De indivíduos esgotados, depressivos e isolados não se pode formar nenhuma revolução de massa.

Não é possível explicar o neoliberalismo pelo marxismo. Nele, não existe sequer a famosa "alienação" do trabalho. Hoje nos lançamos ao trabalho com euforia até o esgotamento, até o *burnout*. O primeiro nível da síndrome de *burnout* é justamente a euforia.

Burnout e revolução excluem-se mutuamente. É um equívoco, então, acreditar que a multitude se depreenda do império parasitário e instale uma sociedade comunista.

Qual a situação do comunismo hoje? Fala-se em todo canto de *sharing* e *community*, de compartilhar e de comunidade. A economia do compartilhamento deve substituir a economia da propriedade e do proprietário. "Sharing is caring", "Teilen ist Heilen", "compartilhar é cuidar", essa é a máxima dos "circler" no novo romance de Dave Eggers, *The Circle*, o círculo. O pavimento que forma o caminho para a central da virda do Círculo é intercalado com *slogans* como "busque a comunidade" ou "associe-se". *Caring is killing*, cuidar é matar, seria o nome mais apropriado disso tudo. A central digital de viagem compartilhada "Wunder Car", que faz de cada um de nós motoristas de táxi, também se promove com a ideia da comunidade. É um equívoco, contudo, acreditar que a economia do compartilhamento proclamaria, como afirma Jeremy Rifkin em seu mais novo livro, *Die*

Null-Grenzkosten-Gesellschaft [A sociedade com custos marginais zero], um fim do capitalismo, uma sociedade global, orientada pelo senso de comunidade, na qual partilhar teria mais valor do que possuir. Ao contrário: a economia do compartilhamento leva, no limite, a uma comercialização total da vida.

Fazer a mudança da propriedade para o "acesso", o que é festejado por Jeremy Rifkin, não nos livra do capitalismo. Quem não tem dinheiro também não tem acesso ao compartilhamento. Na época do acesso, vivemos ainda no "banóptico" no qual quem não tem dinheiro permanece excluído. "Airbnb", o mercado comunitário que transforma cada casa em um hotel, torna até mesmo a hospitalidade em algo econômico. A ideologia da comunidade ou do comum colaborativo leva a uma capitalização total da comunidade. Uma amabilidade sem finalidade não é mais possível. As pessoas ficam amigas umas das outras para receber avaliações melhores. No centro da economia colaborativa também reina a lógica dura do capitalismo. Nessa bela "partilha", paradoxalmente ninguém doa nada voluntariamente. O capitalismo se consuma e termina no momento em que vende o comunismo como mercadoria. O comunismo como mercadoria, isso que é o fim da revolução.

A exploração total do ser humano

Customer-Lifetime-Value, valor do tempo de vida do cliente, caracteriza o valor que uma pessoa durante toda sua vida de consumidor representa para uma empresa. A intenção que está na origem desse conceito é a de transformar a pessoa humana inteira, toda sua vida, em um valor puramente comercial. O hipercapitalismo atual desfaz a existência humana completamente em uma rede de relações comerciais. Hoje já não há mais âmbito da vida que se priva da utilização comercial.

Justamente a digitalização crescente da sociedade facilita, amplia e acelera em grande medida a exploração comercial da vida humana. Ela submete âmbitos da vida que até então eram inacessíveis à intervenção comercial a uma exploração comercial. Faz-se então necessário hoje instituir novas formas de vida que se oponham à exploração comercial total da vida humana.

A *Flagship-Store* da Apple em Nova York representa em todos os aspectos o templo do hipercapitalismo. É um cubo de vidro puro. O interior é o vazio. Expõe, portanto, nada outro do que sua própria transparência. É no subsolo que a loja autêntica está alojada. A transparência assume aqui uma forma material.

A loja transparente da Apple é provavelmente a contraimagem arquitetônica da Caaba, em Meca, com sua manta preta. Caaba significa literalmente cubo. Na construção preta não há transparência. O cubo é igualmente vazio e sustenta uma ordem teológica oposta à ordem hipercapitalista.

A loja da Apple e a Caaba representam duas formas de dominação. Embora o cubo transparente se apresente como liberdade e simbolize a comunicação ilimitada, essa transparência é, contudo, ela mesma uma forma de dominação que assume hoje a forma de um totalitarismo digital. Ela é o indício e anuncia uma nova dominação: a dominação do hipercapitalismo. Ela simboliza a comunicação total de hoje em dia, que cada vez mais coincide com o controle e a exploração total.

A Caaba é fechada. Apenas espíritos têm acesso ao interior da construção. O cubo transparente, ao contrário, fica aberto 24 horas. Todos têm acesso na condição de clientes. Existem aqui duas formas de dominação: a do fechamento e a da abertura. A última é, contudo, mais eficiente do que a primeira, pois se oferece como liberdade. Com o cubo de vidro, o hipercapitalismo festeja uma hipercomunicação que transpassa por tudo, tornando tudo translúcido e transformando tudo em monetário. Comunicação, comércio e consumo – com a loja da Apple no subsolo – tudo se torna uma única coisa.

Firmas que atuam de maneira global reúnem dados sobre comportamentos de consumo, estado familiar, profissão, preferências, *hobbies*, renda e condições de habitação. Seus algoritmos não se diferenciam essencialmente dos da NSA, a Agência de Segurança Nacional dos Estados Unidos.

O mundo como loja de departamento se revela como um panóptico digital com um controle total. A exploração e o controle totais são dois lados da mesma moeda. A Acxiom, uma empresa de coleta de dados, divide as pessoas em 70 categorias, todas, é claro, puramente pelo prisma econômico. Os grupos de pessoas que apresentam um valor de cliente muito baixo são chamados de "waste", ou seja, lixo ou rejeitos.

O Big Data torna possível prognósticos do comportamento humano. O futuro será, desse modo, previsível e manipulável. O Big Data se revela como um instrumento psicopolítico muito eficiente que permite controlar as pessoas como marionetes. O Big Data produz um saber de dominação. Isso torna possível intervir na psique humana e influenciá-la, sem que a pessoa a quem isso foi feito perceba. A psicopolítica digital degrada a pessoa humana em um objeto quantificado e manipulável. Com isso, o Big Data anuncia e é indício do fim da vontade livre.

Soberano é, para o jurista Carl Schmitt, quem decide sobre o estado de exceção. Alguns anos depois ele revisou essa sua sentença famosa: "após a Segunda Guerra Mundial, diante da minha morte, digo agora: soberano é quem tem à sua disposição as ondas do espaço". Carl Schmitt deve ter tido medo do rádio e da televisão durante toda a sua vida – devido ao seu funcionamento manipulador. Hoje, no regime digital, a sentença da soberania deveria ser novamente revisada: soberano é quem dispõe dos dados na rede.

A conexão digital torna possível a avaliação e a iluminação totais de uma pessoa. Diante do perigo comportado pela coleta de dados pessoais, exige-se hoje da política que limite consideravelmente essa prática. A Schufa, empresa privada alemã de avaliação de crédito, e outras firmas do mesmo tipo também pressupõem um funcionamento discriminatório. A avaliação econômica de uma pessoa contradiz a ideia da dignidade humana. Nenhuma pessoa deveria ser degradada em um objeto de avaliação algorítmica.

O fato de que a Schufa, por exemplo, que se tornou um assunto sagrado na Alemanha, poderia até ter tido a ideia de procurar informações úteis em redes sociais há algum tempo, revela a intenção profunda da empresa. O *slogan* promocional da Schufa "nós geramos confiança" é um puro cinismo.

Empresas como a Schufa geram justamente apenas a abolição completa da confiança e a substituem pelo controle. Confiar significa, apesar de desconhecer a outra pessoa, manter uma relação positiva com ela. Torna as ações possíveis apesar da falta de conhecimento. Se eu souber antes tudo sobre a pessoa, então a confiança se torna supérflua. A Schufa recebe, por exemplo, mais de 200 mil consultas diárias. Isso só é possível em uma sociedade do controle. Uma sociedade da confiança não tem necessidade de empresas desse tipo.

A confiança implica a possibilidade de que ela não será correspondida, que ela será traída. Mas essa possibilidade de traição é constitutiva para a própria confiança. A liberdade também implica certo risco. Uma sociedade que se sujeita ao controle e à vigilância em nome da segurança se deteriora em totalitarismo.

Diante do totalitarismo digital iminente, o presidente do parlamento europeu, Martin Schulz, apontou recentemente para a necessidade urgente de formular uma carta dos direitos fundamentais da era digital. O ministro do interior de então, Gerhart Baum, também reclamou um desarmamento de dados que seja abrangente.

Hoje são necessárias abordagens radicais de pensamento a fim de prevenir o totalitarismo dos dados. Também deve ser considerada a possibilidade técnica concreta de estabelecer uma data-limite para os dados pessoais, de forma que estes desapareçam automaticamente após um determinado período de tempo. Essa prática levaria ao desarme massivo dos dados que hoje são necessários em face do delírio dos dados.

A carta dos direitos digitais fundamentais não poderá evitar sozinha o terrorismo dos dados. Uma mudança de mentalidade e de consciência também deveria ser efetuada. Não somos hoje simplesmente reclusos ou vítimas de um panóptico digital controlado externamente.

Originalmente, o panóptico era uma construção desenvolvida por Jeremy Bentham para funcionar como uma prisão. Os prisioneiros no anel externo eram vigiados por uma torre de controle central. No panóptico digital não estamos simplesmente presos. Somos, ao contrário, nós mesmos os agentes. Participamos ativamente da construção do panóptico digital. Até mesmo nos divertimos expondo-nos, ligando-nos ao corpo como os milhões de seguidores do movimento do *Quantified self*, e pondo voluntariamente nossos dados corporais na rede. A nova dominação não nos impõe o silêncio. Ao contrário, desafia-nos permanentemente a compartilhar, participar e comunicar nossas opiniões, necessidades, desejos e preferências, ou mesmo a contar nossas vidas.

Nos anos de 1980, todos na Alemanha foram às barricadas contra o censo. Em uma administração municipal, uma bomba explodiu. Até os estudantes foram às ruas. Houve manifestações de massa.

Da perspectiva atual, essa reação é incompreensível, pois as informações requisitadas não eram perigosas – como, por exemplo, profissão, grau escolar, situação familiar e distância do trabalho. Hoje não teríamos nada contra que centenas ou milhares de registros sobre nós fossem reunidos, armazenados, transmitidos e postos à venda. Ninguém vai às barricadas contra isso. Não haverá protesto massivo contra o Google ou o Facebook.

Na época do censo, acreditava-se que se tratava de uma oposição ao Estado na condição de instância dominante que queria questionar os cidadãos contra suas vontades. Essa época já se foi há tempos. Hoje, nos expomos voluntariamente sem qualquer coação, sem nenhum decreto. Colocamos voluntariamente todos os dados e informações possíveis sobre nós na internet, sem saber quem, o que, quando e para qual oportunidade se sabe sobre nós.

Essa situação de descontrole representa uma crise da liberdade que deve ser levada a sério. Além disso, com todos os dados que são lançados, o próprio conceito de proteção de dados se torna obsoleto. Hoje, não somos simplesmente vítimas de um controle estatal, mas elementos ativos do sistema. Distribuímos voluntariamente refúgios privados, expondo-nos nas redes digitais que nos penetra, examinando-nos e nos tornando translúcidos.

A comunicação digital como a nova forma de produção elimina rigorosamente os refúgios, transformando a tudo em informações e dados. Perde-se, com isso, toda e qualquer distância protetora. Na hipercomunicação digital tudo se mistura com tudo. Os limites entre o interno e o externo se tornam cada vez mais permeáveis. Pessoas humanas tornam-se interfaces de um mundo totalmente conectado. Essa desproteção digital é estimulada e explorada pelo hipercapitalismo.

Devemos nos colocar honesta e novamente a questão sobre que tipo de vida queremos ter. Queremos continuar à mercê do controle, vigilância e exploração total da pessoa humana, sacrificando com isso nossa liberdade e dignidade? Está na hora de organizar mais uma vez uma resistência contra o totalitarismo digital iminente. A sentença de Georg Büchner não perdeu nada em atualidade: "marionetes é o que somos, suspensas no arame e movidas por poderes desconhecidos; nada, nada nós mesmos!"

No panóptico digital

Hoje tudo se torna *smart*. Em breve viveremos em uma *smart city* na qual tudo, completamente tudo, estará conectado com tudo, não apenas as pessoas, mas as coisas também. Vamos receber e-mails não apenas dos amigos, mas também dos aparelhos domésticos, dos animais de estimação e dos alimentos na geladeira. A internet das coisas torna isso possível. Na *smart city* todos andaremos por aí com o *Google Glass*. Seremos abastecidos a todo momento e em qualquer lugar com informações úteis, sem que seja preciso sequer requisitá-las. Seremos guiados ao restaurante, ao bar ou ao *show*. Os óculos de dados também irão tomar decisões para nós. Com um *app* de *dating*, fará até mesmo com que tenhamos mais sucesso e eficiência no amor e no sexo.

Nosso campo de visão será escaneado pelos óculos de dados em busca de informações úteis. Seremos todos caçadores felizes e realizados e de informação. A demora contemplativa nas coisas, que seria uma forma de felicidade, dará lugar completamente à caça por informações. A percepção humana atingirá finalmente uma eficiência total. Não irá mais se distrair com coisas que mereçam pouca atenção ou que não ofereçam nenhuma informação. Os olhos humanos se transformarão, eles mesmos, em uma máquina de busca eficiente.

A internet das coisas realiza e conclui simultaneamente a sociedade da transparência, que se tornou indistinguível de uma sociedade do controle total. Observamos as coisas que nos cercam e elas nos observam. Enviam informações sem parar sobre o que fazemos e o que deixamos de fazer. A geladeira, por exemplo, conhece e avisa sobre nossos hábitos alimentares. A escova de dentes conectada, sobre nossa higiene dentária. As coisas operam conjunta e ativamente no registro total da vida. A sociedade do controle digital também transforma os óculos de dados em uma câmera de vigilância, e o *smartphone* em um grampo de escuta secreta.

Hoje, cada clique que fazemos é salvo. Cada passo que fazemos é reconstituído. Deixamos nossos vestígios digitais por toda parte. Nosso hábito digital é retratado exatamente na rede. O registro total da vida substituirá integralmente a confiança por informação e controle.

Confiar torna possível as relações com as outras pessoas, mesmo sem conhecê-las bem. A conexão digital torna mais fácil obter informações, na medida em que a confiança como prática social é cada vez mais insignificante. Ela dá lugar ao controle. A sociedade da transparência, então, tem uma estrutura similar à sociedade do controle. Onde informações são obtidas de modo muito fácil, o sistema social da confiança passa a ser de controle e transparência.

No lugar do Big Brother, aparece o *big data*. O registro total e ininterrupto da vida realiza e executa a sociedade da transparência. Ela se assemelha ao panóptico digital.

A ideia do panóptico vem do filósofo inglês Jeremy Bentham. Ele concebeu no século XVIII uma prisão que torna possível uma vigilância completa dos prisioneiros. As celas são postas em torno de uma torre de observação que dá ao Big Brother uma perspectiva total. Os prisioneiros são isolados uns dos outros por motivos disciplinares e não devem falar uns com os outros. Os habitantes do panóptico digital, por sua vez, se comunicam intensivamente uns com os outros e se expõem voluntariamente. A sociedade do controle digital faz uso intensivo da liberdade. Ela só é possível graças à autoiluminação e à autoexposição voluntárias.

Na sociedade do controle digital, a exibição pornográfica coincide com o controle panóptico. Essa sociedade da vigilância se realiza ali, onde seus habitantes se comunicam não por coação externa, mas por uma necessidade interior, onde, portanto, o medo de renunciar à sua esfera privada e íntima dá lugar à necessidade de colocá-la à vista impudicamente, e onde liberdade e controle se tornam indistinguíveis.

O Big Brother do panóptico benthamiano é capaz de observar os prisioneiros apenas em seu exterior. Ele não sabe o que se passa em seu interior. Não consegue ler seus pensamento. No panóptico digital, ao contrário, é possível penetrar nos pensamentos de seus habitantes. É nisso que consiste a enorme eficiência do panóptico digital. Um controle psicopolítico da sociedade se torna, então, possível.

A transparência hoje é reivindicada em nome da liberdade de informação ou da democracia. Na realidade, ela é uma ideologia, um dispositivo neoliberal. Com violência, ela põe tudo para fora para que se transforme em informação. Mais informação e comunicação significam, no modo de produção imaterial de hoje, mais produtividade, aceleração e crescimento.

Mistério, estranheza ou outridade representam obstáculos para uma comunicação ilimitada. Assim, em nome da transparência, são reduzidas. Parte do dispositivo da transparência uma coação de conformismo. À lógica da transparência é parte integrante que ela atinja um amplo consenso. Uma conformidade total é sua consequência.

"Novilíngua" é o nome da língua ideal no Estado de controle de George Orwell. Ela substituiu completamente a "língua antiga". Novilíngua tem como objetivo apenas restringir o espaço de ação do pensamento. Cometer um delito de pensamento deve ser algo que, com isso, já tenha se tornado impossível, já que as palavras necessárias para tanto foram removidas do vocabulário. De modo que até mesmo a palavra "liberdade" foi eliminada. Já nesse sentido o Estado de controle de Orwell se diferencia do panóptico digital atual, que faz uso excessivo justamente da liberdade.

O Estado de controle de Orwell, com teletelas e câmaras de tortura, é bem diferente do panóptico digital com internet, *smartphone* e *Google glass*, dominado por uma aparência de liberdade e comunicação ilimitadas. Não se tortura aqui, mas se posta e se tuíta. O controle e a vigilância que coincidem com a liberdade são essencialmente mais eficientes do que o controle e a vigilância orientados contra a liberdade.

A técnica do poder do regime neoliberal não é proibitiva ou repressiva, mas sedutora. O que se implementa é um poder *smart*. Ele fascina, em vez de proibir. Não se impõe pela obediência, mas pela curtida e pelo prazer. As pessoas se submetem à relação de dominação ao consumirem e comunicarem, ou seja, ao apertarem o botão para dar *likes*. O poder *smart* se adapta à psique, adulando-a, em vez de oprimi-la ou de discipliná-la. Ele não nos impõe silêncio. Ao contrário, exige que permanentemente compartilhemos, partilhemos e participemos, que comuniquemos nossas opiniões e necessidades e que contemos da nossa vida. Temos que lidar hoje com uma técnica do poder que não nega ou oprime nossa liberdade, mas que a esgota. É nisso que consiste a crise atual da liberdade.

O princípio da negatividade que determina o Estado de controle de Orwell dá lugar ao princípio da positividade. Ou seja: não se oprime as necessidades, mas se as estimula. A comunicação não é oprimida, mas maximizada. No lugar da confissão conseguida mediante tortura, aparece a exposição voluntária da esfera pessoal e a iluminação digital da alma. O *smartphone* substitui a câmera de tortura.

O irmão mais velho de Bentham talvez seja invisível, mas está onipresente na cabeça dos prisioneiros. No panóptico digital, ao contrário, ninguém se sente realmente controlado ou observado. Por isso, o termo "Estado do controle" não é totalmente apropriado para caracterizar o panóptico digital de hoje em dia. Nele, as pessoas se sentem livres. Mas é um problema justamente essa liberdade que se sente e que está completamente ausente no Estado de controle de Orwell. Ela impede e impossibilita a resistência e a oposição.

Em 1987 houve protestos intensos contra o censo demográfico. Hoje o controle e a vigilância se oferecem como liberdade. A liberdade se revela como controle.

É lendário o anúncio da Apple que cintilou nas telas durante o Super Bowl de 1984. Nele, a Apple aparece como se estivesse nos libertando do Estado de controle de Orwell. Seguindo um mesmo ritmo de passos, trabalhadores apáticos e sem vontade adentram uma grande sala e escutam o discurso fanático do grande irmão na tela. Então entra na sala uma pessoa correndo, perseguida pela polícia do pensamento. Ela corre adiante, impassível, carregando uma grande marreta em seu peito. Determinada, ela corre em direção ao Grande Irmão, lançando o martelo com toda força no telescópio, que se estoura com uma explosão fulgurante. As pessoas acordam da apatia. Uma voz anuncia: "On January 24th, Apple Computer will introduce Macintosh. And you'll see why 1984 won't be like *1984*" [Em 24 de janeiro a Apple computadores introduzirá o Macintosh. E você verá por que 1984 não será como *1984*]. Contrariando a mensagem da Apple, o ano de 1984 não marca o fim do Estado de vigilância, mas o início de um novo tipo de sociedade de controle que, em sua eficiência, supera muitas vezes o Estado de vigilância de Orwell.

Recentemente se tornou conhecido que a Agência de Segurança Nacional dos Estados Unidos, em seus documentos internos, chama Steve Jobs de Big Brother. Nesses documentos, quem usa celular é chamado de "zumbi". E é coerente também que falem de "exploração do *smartphone*".

A Agência de Segurança Nacional não é, contudo, o único problema. Não apenas o Google ou o Facebook, mas também firmas de dados, como a Acxiom, uma empresa de *marketing* que atua globalmente, estão envoltas à sana de coletar dados. Somente nos Estados Unidos a empresa dispõe de dados de 300 milhões de pessoas, ou seja, de dados de quase todos os cidadãos estadunidenses. "Nós lhe damos um olhar de 360 graus sobre seus clientes", o *slogan* panóptico da Acxiom. Face a esse desenvolvimento, Edward Snowden não é nem herói, nem criminoso. É um fantasma trágico em um mundo que se tornou um panóptico digital.

Apenas a morte é transparente

Nenhuma outra palavra-chave domina hoje o discurso público tanto quanto a transparência. Ela é invocada de maneira enfática acima de tudo em relação com a liberdade de informação. Quem reduz, contudo, a transparência apenas a questões de corrupção ou de democracia desconhece a envergadura do termo. A transparência se manifesta hoje como coação sistêmica que abrange todos os processos sociais e econômicos, submetendo-os a uma transformação profunda.

A sociedade da transparência é uma sociedade do positivo. As coisas ficam transparentes quando se as despoja de toda e qualquer negatividade, quando se tornam lisas, niveladas, quando se inserem sem resistência na corrente lisa do capital, da comunicação e da informação. As ações se tornam transparentes quando se subordinam ao processo contável, governável e controlável. As coisas se tornam transparentes quando perdem suas particularidades e se expressam apenas por seu preço. As imagens se tornam transparentes quando se tornam pornográficas ao se alijarem de toda e qualquer profundidade hermenêutica, no limite, de todo e qualquer sentido. Em sua positividade, a sociedade da transparência é um inferno do igual.

A comunicação atinge sua máxima velocidade ali onde o igual responde ao igual, onde há a reação em cadeia do igual. A negatividade da outridade, da estrangeidade ou da capacidade de resistir e de contradizer do outro causam interferência e retardam a comunicação lisa e polida do igual. A transparência estabiliza e acelera o sistema ao eliminar o outro ou o discrepante. Em uma nota no diário, Ulrich Schacht escreve: "uma nova palavra para uniformização e sincronização: transparência".

A palavra transparência é composta das palavras latinas *trans* e *parere*. *Parere* significa originalmente: se mostrar ou ser visto às ordens de alguém. Quem "para" se mostra, fica visível e obedece sem resistência ou contradição. Já desde sua origem etimológica, adere-se à palavra transparência algo de violento. De modo equivalente, hoje ela é usada como instrumento do controle e da vigilância.

Chama a atenção que a infeliz aparição na televisão do Presidente Federal da Alemanha, na qual ele respondeu às perguntas dos jornalistas da ZDF e ARD[xxv], assemelhava-se a um interrogatório policial. O mote de uma petição popular em Hamburgo por uma lei da transparência era o seguinte: "transparência produz confiança". Esse mote oculta em si uma contradição. Só é possível confiar em um estado entre saber e não saber. Se já sei de tudo com antecedência, torna-se supérflua a confiança. A transparência é um estado no qual todo não saber é eliminado. Onde domina a transparência não há espaço para a confiança. Em vez de "transparência produz confiança", o mote deveria se chamar na verdade "Transparência abduz a confiança".

A exigência e a reivindicação de transparência são mais fortes justamente ali onde não existe mais confiança. A sociedade da transparência é uma sociedade da desconfiança que, em decorrência do desaparecimento da confiança, confia e depende do controle. Para uma personalidade política que desfruta de uma grande confiança entre a população, mesmo a mais ínfima exigência por transparência seria já degradante. A exigência insistente por transparência aponta justamente para o fato de que o fundamento moral da sociedade se tornou frágil, que os valores morais como honestidade ou sinceridade perdem cada vez mais significado. No lugar da instância moral que está desaparecendo, aparece a transparência como novo imperativo social.

O clamor por transparência traz consigo uma pressão por aceleração. Os partidos convencionais, com suas ideologias e estruturas de poder, são excessivamente lentos e inflexíveis. A chamada *Liquid Democracy*, a democracia líquida, do Partido Pirata pode ser interpretada como uma tentativa de reagir à lentidão ou mesmo rigidez da democracia baseada no sistema partidário. Na website do Partido Pirata, a prática da *Liquid Democracy* fica bem explícita e elucidativa: "gostaria de ser representado na política fiscal pelo SPD[xxvi], na política ambiental pelo Partido Verde e para a política educacional pelo Sr. Müller, pessoa privada não ligada a um partido. Gostaria, contudo, de decidir eu mesmo sobre a nova lei de acesso à universidade". A *Liquid Democracy* sem assembleia ou palavras de força abduz e abole, na realidade, a democracia representativa baseada em partidos. O conhecimento dos especialistas substitui a formação de vontade e a tomada de decisão políticas. A importância dos partidos diminui, atingindo o nível do Sr. Müller, uma pessoa privada. Deixariam, então, de ser partidos.

Seria possível dizer também assim: o Partido Pirata é um antipartido, ou, ainda melhor, o primeiro partido incolor. A transparência é incolor. As cores não são permitidas ali como ideologias, mas apenas como opiniões não ideológicas. A aceleração e flexibilização consiste em trocar de cor conforme a situação. Pode até ser que *Liquid Democracy* acelere o processo de tomada de decisão, tornando-o flexível, mas degrada-o, em última análise, a uma democracia baseada no botão da "curtida".

A política, com isso, cede à administração de necessidades sociais que não podem modificar o quadro das relações socioeconômicas já existentes e que continuarão, assim, perseverando. A transparência também estabiliza o sistema de maneira efetiva. Um grau maior de informação não cria, sozinho, uma renovação ou modificação sistêmica. À transparência falta a negatividade que colocaria em questão o sistema político-econômico preexistente.

Não é menos ingênua a ideologia do "Post Privacy", a pós-privacidade, que em nome da transparência postula uma renúncia total da esfera privada. Seria possível dizer aos representantes dessa nova corrente da internet: o ser humano não é nem sequer transparente para si mesmo. Segundo Freud, o eu nega justamente aquilo que o inconsciente afirma e deseja ilimitadamente. O "isso" fica continuamente oculto ao eu. Passa pela psique humana, portanto, uma fenda que impede o sistema psíquico de concordar e coincidir consigo mesmo. Essa fenda fundamental na condição de lugar da intransparência faz com que a autotransparência do eu seja impossível. Somente como uma ilusão necessária ela seria, talvez, pensável. Há uma fenda aberta também entre as pessoas. De modo que se mostra impossível produzir uma transparência interpessoal. Ela também não valeria muito à pena.

Justamente a transparência ausente do outro preserva a relação viva. Georg Simmel escreve assim: "o mero fato do conhecimento absoluto, do esgotamento psicológico, nos desencanta, mesmo sem arrebatamento prévio, paralisando a vivacidade das relações. A profundeza frutífera das relações que pressente e reverencia, por detrás da última coisa revelada, ainda uma última outra coisa, é somente a remuneração da ternura e do autocontrole que, mesmo nas relações mais estreitas, nas que abarcam todas as pessoas, respeita ainda a propriedade privada interior, de modo a delimitar o direito a se fazer uma pergunta pelo direito ao segredo". Em face do *páthos* da transparência que captura a sociedade atual, seria necessário se exercitar no *páthos* da distância.

Além disso, a alma humana precisa evidentemente de esferas onde possa estar em si mesma sem se preocupar com o olhar dos outros. Uma iluminação total a consumaria. A transparência total leva, possivelmente, a um tipo de *Burnout* da alma. Seria esse o sentido também do registro de Peter Handke: "vivo daquilo que o outro não sabe sobre mim". Apenas a máquina é completamente transparente. A alma humana, contudo, não é uma máquina. Interioridade, espontaneidade e a capacidade de gerar um evento, que fazem da vida em geral o que ela é, são opostas à transparência. Sim, justamente a liberdade humana torna a transparência total impossível. Uma relação transparente, além disso, é uma relação morta que carece de atração. Apenas a morte é transparente. Seria esclarecedor reconhecer que há esferas positivas, produtivas da existência e convivência humanas que a coação de transparência arruína por completo.

Integralmente transparente é, na verdade, apenas o vazio. Para expulsar esse vazio põe-se em circulação uma massa de informações. Quanto mais informação é liberada, menos nítido o mundo fica. A massa de informação não traz luz ao escuro. A transparência não é luz, mas uma radiação sem luz que, em vez de iluminar, torna tudo penetrável e translúcido. A translucidez não é claridade.

Ao conversar com o filósofo Peter Singer na *Philosophie Magazin*, a Revista de filosofia, Julian Assange fez uma confissão surpreendente. Ele "não é um grande amigo da transparência". Ele se limita à "simples filosofia" de que mais informação sobre o entorno ajuda a que se tome decisões melhores sobre esse mesmo entorno. Esse seria todo o motivo de sua ação. Ele é claramente cético em relação à transparência que se totaliza hoje em ideologia. Ele também pontua que a internet hoje teria se tornado um sistema arquitetado de vigilância das massas que se prolifera como um "câncer".

Para se evitar qualquer mal-entendido: nada a opor à transparência em nome do combate à corrupção ou em defesa dos direitos humanos. Ela é bem-vinda. A crítica à transparência se dirige à sua ideologização, fetichização e totalização. É preocupante sobretudo que a sociedade da transparência ameace hoje se transformar em uma sociedade do controle. As infinitas câmeras de vigilância fazem de cada um de nós suspeitos. O *scanner* de corpo inteiro, que esmiúça o corpo nos deixando como que nus, é, para além de sua utilidade de fato, um símbolo de nosso tempo. A internet se revela um panóptico digital.

Tudo se despe e se expõe – essa é a lógica da sociedade do controle. A sociedade do controle culmina ali onde seu sujeito se desnuda não por coação externa, mas de uma necessidade gerada desde si mesmo, onde, portanto, o medo de perder sua esfera íntima e privada dá lugar à necessidade de se exibir impudicamente. A sociedade do controle segue a lógica da eficiência da sociedade do desempenho. A autoexploração é mais eficiente do que a exploração externa, pois vem acompanhada de uma sensação de liberdade. O sujeito do desempenho se submete a uma coação livre, gerada por si mesmo. Essa dialética da liberdade está no fundamento também da sociedade do controle. A autoiluminação é mais eficiente do que a iluminação exterior, pois traz consigo a sensação de liberdade.

A coação pela transparência não é, em última análise, um imperativo ético ou político, mas econômico. Iluminação é exploração. Quem estiver iluminado por inteiro, fica sem proteção à mercê da exploração. A superexposição de uma pessoa maximiza a eficiência econômica. O cliente transparente é o novo prisioneiro, ou seja, o *homo sacer* do panóptico econômico. O panóptico da sociedade da transparência se distingue do panóptico da sociedade da disciplina por não precisar de celas, muros ou espaços fechados. Ao contrário dos prisioneiros isolados uns dos outros do panóptico benthamiano, seus habitantes se conectam e se comunicam intensivamente uns com os outros. Não é a solidão pelo isolamento, mas a hipercomunicação que garante a transparência.

A particularidade do panóptico digital é que seus próprios habitantes cooperam em sua construção e em seu entretenimento de modo ativo ao se exibirem e se desnudarem. Por isso, hoje a vigilância não culmina como *ataque à liberdade* (Juli Zeh/Ilija Trojanow). Ao contrário, liberdade e controle coincidem, tornando-se uma coisa só – como também o *user* transparente é igualmente vítima e algoz. Todos constroem juntos, diligentes, o panóptico das redes.

Dataísmo e niilismo

A sanha de coleta de dados atual não diz respeito somente à Agência de Segurança Nacional estadunidense. Ela é a expressão de uma nova crença que seria possível denominar de dataísmo. Ele tem assumido traços quase religiosos ou totalitários. A euforia do Big Data também presta homenagem a essa crença da era digital.

Hoje se coleta dados para toda e qualquer finalidade. Não são somente a Agência de Segurança Nacional estadunidense, a Acxiom, o Google ou o Facebook que possuem uma fome desenfreada por dados. Os adeptos do *Quantified Self* também são viciados em dados. Equipam seus corpos com sensores que registram automaticamente todos os parâmetros corporais. Mede-se tudo, da temperatura do corpo aos passos, ciclos do sono, entrada e perda de calorias, perfil de atividade e até mesmo ondas cerebrais. Até durante a meditação os batimentos cardíacos são protocolados. Mesmo o que acontece durante o descanso conta, portanto, para o desempenho e eficiência, o que na verdade é um paradoxo.

Não é somente o corpo que hoje é equipado com sensores. Cada vez mais há sensores ao nosso redor, no meio ambiente, que nos transformam em dados. Ao mesmo tempo, vivemos com uma estranha sensação de falta de sentido, de modo que acabamos nos entregando à hiperatividade e à hipercomunicação.

Seria possível que os dados coletados pudessem contribuir sobretudo para que as pessoas possam compreender melhor a si mesmas? Registros sobre si mesmo eram já na Antiguidade essenciais para o cuidado de si. O escritor romano Tertuliano denominava isso de *Publicatio sui* – referindo-se à pesquisa do *self* e à publicação impiedosa de todos os pensamentos. O pecador deveria se mostrar como pecador e, com isso, se liberar de seus pecados.

A autoexposição cristã envolve uma renúncia ao eu egoísta, em prol de uma relação de sentido mais elevada: *Ego non sum, ego*. Pela renúncia ao pequeno Ego deve-se atingir um eu mais elevado. *Publicatio sui* é uma prática da verdade, comprometida com uma relação mais elevada de sentido, exatamente como a ascese antiga não é uma dieta.

Já o *Quantified Self* é, ao contrário, meramente uma técnica de otimização do desempenho corporal e espiritual. Diante da crueza dos dados, os otimizadores do *self* carecem, contudo, do cuidado real de si mesmos. É um sistema de registro do ego que se tornou autorreferencial.

Não há, nem se produz sentido algum apenas a partir do ego. Os dados coletados não respondem à questão "quem sou eu?" O *smartphone* na condição de confessionário móvel não fornece autoconhecimento, nem oferece acesso à verdade.

Não há, nem se produz qualquer conhecimento somente a partir da crueza dos dados, não importa quão abrangentes eles possam ser. Não respondem às questões que vão além do desempenho e da eficiência. Nesse aspecto, os dados são cegos. Não há, nem se produz, sentido ou verdade da crueza dos dados. Crus, os dados sozinhos não tornam, além disso, o mundo mais transparente. Ao contrário, fica mais fantasmagórico do que nunca. Não é fácil para nós distinguir o que é importante do que não é. Estamos entregues a processos quase automáticos e nos otimizamos sem realmente saber para quê.

O conhecimento dos dados é uma forma de conhecimento limitado, rudimentar. Não pode sequer tornar reconhecível uma relação causal. Big Data sugere e induz um conhecimento absoluto. Na realidade, ele coincide com o não saber absoluto. É impossível se orientar no Big Data.

Nós temos nos comunicado intensivamente, quase compulsivamente. Uma falha na comunicação nos parece insuportável. Manifesta um vazio que deve ser contornado por mais comunicação, mais informação.

Parece mesmo que o dataísmo vem acompanhado de um niilismo. O dataísmo se dá como renúncia ao sentido e às relações, de modo que os dados deveriam preencher o vazio de sentido. O mundo inteiro se desfaz e passa a consistir de dados, e nós perdemos de vista cada vez mais, nesse processo, as grandes relações, as mais elevadas. Nesse sentido, dataísmo e niilismo são dois lados da mesma moeda.

Vazio atroz

Como quer que o chamemos, *Ritzen*, *cutting* ou o ato de se cortar é algo que se tornou hoje um fenômeno de massa entre os adolescentes. Milhões de adolescentes na Alemanha mutilam-se a si mesmos. De modo proposital, se flagelam, causando feridas para sentir um alívio profundo. O método mais comum é se cortar no braço com uma gilete. O ato de se cortar se desenvolve até se tornar um autêntico vício.

Tal como ocorre com qualquer outro vício, o intervalo entre os atos de se cortar se torna cada vez menor, assim como as doses cada vez maiores. Assim, os cortes ficam cada vez mais profundos. Sente-se "uma urgência de se cortar". Como é possível se combinarem a automutilação e o narcisismo cada vez maior que caracteriza o indivíduo atual?

Não é raro que quem comete automutilação sofra de depressão e transtorno de ansiedade. Afligem-se com a sensação de culpa e vergonha, sendo atormentados por uma autoestima deteriorada. A sensação constante de vazio interior faz com que mal sintam alguma coisa. Só ao se cortarem é que sentem alguma coisa.

Ouve-se com frequência das pessoas que sofrem de depressão ou do transtorno de personalidade Borderline (TPB) a queixa de que não conseguem sentir a si mesmos. Muitos dos que cometem automutilação têm, justamente, depressão ou TPB. O ato de se cortar é claramente uma tentativa bem duvidosa de sentir a si mesmo, de voltar a produzir um sentimento para si mesmo. O corpo derrama lágrimas vermelhas. Sangro, logo sou.

A autenticidade é uma estratégia de produção neoliberal. O eu é submetido à coação de produzir a si mesmo de modo permanente na condição de empreendedor de si mesmo. Quem não tem sucesso nesse empreendimento recorre à gilete.

De onde vem a sensação atroz de vazio? Em primeiro lugar, é importante distinguir entre narcisismo e amor-próprio. O sujeito do amor-próprio marca as diferenças entre si mesmo e os outros. Aqui estão dados os limites claros do eu que o diferenciam dos outros. Na relação consigo mesmo narcisista, ao contrário, o outro é retorcido de tal modo até que o *self* se reconheça nele. O sujeito narcisista percebe o mundo como sombras de si mesmo.

A consequência fatal: o outro desaparece. O limite entre o *self* e os outros se dissipa. O *self* se mescla, tornando-se difuso. Um *self* estável surge somente em face do outro. A relação consigo mesmo excessiva, narcisista, produz, ao contrário, uma sensação de vazio. O eu afoga-se em si mesmo.

Hoje as energias libidinosas são investidas acima de tudo no eu. A acumulação narcísica da libido dirigida ao eu leva à diminuição da libido dirigida ao objeto, ou seja, da libido ocupada pelo objeto. A libido do objeto produz um vínculo com o objeto que, em contrapartida, estabiliza o eu. Sem esse vínculo com o objeto, o eu é lançado de volta para si mesmo, o que faz com que sensações negativas como ansiedade e vazio se desenvolvam.

Existem hoje muitos imperativos sociais que levam ao entorpecimento narcísico doentio da libido do eu, por exemplo o próprio imperativo da autenticidade. Ele faz surgir uma coação narcísica de si mesmo, de se questionar de modo permanente, se espiar, se espreitar, se assediar, e principalmente de se culpar constantemente.

A Autenticidade é uma estratégia de produção neoliberal. O eu é submetido à coação de *produzir* a *si* mesmo de modo permanente na condição de empreendedor de si mesmo. Quem não tem sucesso nessa autoprodução, recorre então à gilete.

Muitos jovens e adolescentes são atormentados hoje por medos difusos, medo de falhar, medo de fracassar, medo de ser deixado para trás, medo de cometer um erro ou de tomar uma decisão errada, medo de não corresponder às próprias pretensões. Tem-se vergonha das próprias insuficiências. O ato de se cortar é também um ritual de autopunição.

A falta de sentimento de amor-próprio, que está na origem da automutilação, aponta para uma crise universal de gratificação de nossa sociedade. Todos nós somos carentes. Apenas o amor do outro estabiliza o eu. A relação narcísica consigo mesmo opera, contudo, desestabilizando-o.

Para uma sensação estável de amor-próprio é preciso que eu mesmo me considere importante. Para isso, contudo, necessito ter noção de que eu sou importante para o outro. Isso pode ser algo difuso, mas é indispensável para a sensação de *ser* importante. A falta da sensação de ser é responsável pela automutilação. O ato de se cortar é, talvez, simplesmente um grito de amor.

A sensação de amor-próprio não pode ser produzida pelo próprio eu. Para que ela aconteça, dependo da instância da gratificação pelo outro que me ama, elogia, reconhece e estima. O isolamento narcísico do ser humano, a instrumentalização do outro e a competição total de todos contra todos destroem o clima de gratificação.

O sujeito do desempenho está sempre sob a coação de produzir cada vez mais. Assim, nunca atinge o ponto de repouso final da gratificação. Vive permanentemente com uma sensação de falta e de culpa. Uma vez que não concorre apenas em relação aos outros, mas sobretudo consigo mesmo, está sempre procurando superar a si mesmo.

Também tem ficado cada vez mais difícil, hoje, a gratificação primária despojada de qualquer quantificação. Ela é provocada, por exemplo, por uma amizade real. A amizade é uma relação com o outro que estabiliza e preenche o eu. Os "amigos" nas mídias sociais carecem da negatividade do outro. Eles formam uma massa que só faz aplaudir. Eles extinguem sua outridade no *like*.

A sensação de vazio leva à depressão. O sujeito do desempenho depressivo tem uma carga pesada de si mesmo. Chega, então, ao congestionamento narcísico da libido do eu que leva ao adoecimento. Ele fica cansado de si mesmo, esgotado de si mesmo. Sendo completamente incapaz de sair de si mesmo, reprime-se em si mesmo, o que paradoxalmente leva ao esvaziamento e à erosão do *self*.

Encapsulado, preso em si mesmo, perde qualquer relação com o outro. Eu me abalo, me comovo, me toco, me sinto, contudo, apenas pelo toque do outro, pelo contato com o outro. O outro é constitutivo para a formação de um *self* saudável. Quando o outro desaparece, o eu se vê no vazio.

Alguns sentem seu próprio corpo apenas ao se cortarem. Hoje a relação com o próprio corpo também está alterada. As pessoas submetem-no à lógica da otimização. Com isso, alienam-se do próprio corpo. Cultiva-se o corpo, em vez de habitá-lo. Bulimia e anorexia são aparições patológicas desse desenvolvimento. O ato de se cortar seria apenas uma tentativa duvidosa de voltar a sentir o próprio corpo.

Hoje, procura-se evitar toda forma de ferimento, violação ou trauma. Isso é verdade também para o amor. Apaixonar-se seria traumático demais. Hoje já não nos arriscamos mais, não fazemos altas apostas, pois tememos o prejuízo, a dor e o trauma que isso nos causará.

A comunicação hoje tem ficado cada vez mais lisa e polida no sentido de uma troca de favores e curtidas, ou seja, positividades. Toda linguagem, toda expressão, interdita sentimentos negativos como o luto ou a tristeza.

O amor sem trauma, contudo, é impensável. Ele nos invade e nos fere. Hoje se evita o outro até mesmo como fonte de trauma. O trauma recusado, contudo, retorna como autoflagelo que, em oposição ao flagelo e trauma perpetrados pelo outro, podem ocorrer em todo caso de maneira controlada.

É algo característico da sociedade atual a eliminação de toda negatividade. Tudo se torna liso. Falta ao liso o negativo do contrário, do oposto. O objeto deixa de fazer objeção. A palavra alemã *Gegenstand*, objeto, significa aquilo que fica em oposição. O liso quer, ao contrário, agradar. Não é objeto. Toda linguagem, toda expressão, interdita sentimentos negativos como o luto ou a tristeza. Seria possível dizer: o ato de se cortar os libera de sua estupefação emudecida.

O êxito da depressão se baseia, segundo Alain Ehrenberg, na relação perdida com o conflito. A cultura atual do desempenho e da otimização não admite que se trabalhe em conflito, já que isso requer muito tempo. O sujeito do desempenho atual conhece apenas dois estados: funciona ou fracassa. Assemelha-se, aqui, às máquinas. Estas também não conhecem conflito algum. Ou funcionam perfeitamente, ou estão quebradas.

Dos conflitos nascem, contudo, relações e identidades. A pessoa cresce e amadurece trabalhando em conflito. O que é tentador no ato de se cortar é que tensões destrutivas acumuladas rapidamente se reduzem sem que se gaste tempo demasiado trabalhando no conflito. Considera-se os processos químicos como responsáveis pela redução de tensão rápida. As drogas do próprio corpo seriam liberadas.

Tensões se repetem rapidamente, o que produz uma urgência de se cortar de novo. Seu modo de funcionamento assemelha-se ao dos antidepressivos. Estes também reprimem os estados conflituosos, fazendo com que o sujeito do desempenho deprimido volte rapidamente ao seu funcionamento.

O vício de tirar *selfies* tem pouco que ver com o amor-próprio. Não passa de um funcionamento em vazio do eu narcísico que nunca repousa. Face ao vazio interior, as pessoas procuram *se produzir*, o que claramente não dá certo. Apenas o vazio se reproduz. *Selfies* são os *selfies* em formas vazias. Acentuam a sensação de vazio.

Não é o amor-próprio, mas a relação narcísica do *self* que produz o vício de tirar *selfies*. *Selfies* são superfícies belas, lisas, de um *self* esvaziado, totalmente inseguro. Para escapar do vazio atroz recorre-se à gilete ou ao *smartphone*. *Selfies* são superfícies lisas que colocam o *self* vazio por um curto período sob uma bela luz. Quando, contudo, se vira, se depara com o avesso coberto de feridas ensanguentadas. Feridas são, portanto, o avesso das *selfies*.

Seria o atentado suicida uma espécie de tentativa perversa de sentir a si mesmo, de restabelecer a autoestima, de acabar com o vazio atormentador jogando bombas e atirando? É possível comparar a psicologia do terrorismo com a da *selfie* e do autoflagelo que operam também contra o eu vazio? Será que os terroristas partilham do mesmo psicograma dos jovens e adolescentes que flagelam a si mesmos e que, portanto, dirigem suas agressões contra si mesmos?

Ao contrário das mulheres jovens, os homens jovens dirigem suas agressões, como é sabido, para fora, contra o outro. O atentado suicida seria então um ato paradoxal, no qual coincidem a agressão a si mesmo e ao exterior, a produção e a destruição de si mesmo seria então uma agressão de potência mais elevada que, ao mesmo tempo, contudo, é imaginada e projetada como uma *selfie* definitiva, final.

O ato de apertar o botão que faz explodir a bomba seria o mesmo do de apertar o botão da câmera. Aqui domina o imaginário, já que a realidade que consiste de discriminalização e desesperança não é mais digna de ser vivida.

O homem saltitante

Já faz algum tempo que tem sido comum observar sobretudo as pessoas mais jovens dando saltos selvagens, mortais, ao serem fotografadas. Se a gente colocar no Google termos como "pessoas pulando" ou *people jumping*, nos deparamos com inumeráveis fotos nas quais o pulo pode ser admirado em todas as variações possíveis. Parece que saltar diante da câmera tem se alastrado como uma epidemia.

Por que, hoje em dia, as pessoas saltam diante das câmeras? Não somos marcados pelo cansaço e pela depressão? Saltam de alegria ou felicidade? Seria o salto expressão da vitalidade crescente da nossa sociedade? Ou os saltos estariam mais para convulsão patológica do ego narcísico?

Quando antigamente as fotos eram feitas sobretudo com a finalidade de servirem como memória, as pessoas se apresentavam comportadas e bem-educadas. Ninguém teria tido a ideia de pular. Naquela época, se queria sobretudo reter e registrar o momento para poder lembrar dele depois. As pessoas se retiravam em prol do acontecimento. Elas desapareciam atrás do momento ou da ocasião a ser rememorada. Ninguém queria representar ou mesmo expor a si mesmo. Ninguém mendigava atenção. As fotos não tinham, portanto, valor de exposição, mas valor de culto.

Walter Benjamin aponta no conhecido *A obra de arte na era de sua reprodutividade técnica* para o fato de que na fotografia o valor de exposição faz recuar, em todas as frentes, o valor de culto. O valor de culto, contudo, não recuaria sem oferecer resistência, mas levantaria uma última trincheira. Esta seria o "rosto humano". Desse modo, o retrato não é por acaso o foco e o centro das fotografias antigas. No culto da memória ao distante ou à pessoa amada falecida, o valor de culto da imagem encontrou um refúgio derradeiro. Na expressão fugaz de um rosto humano das fotografias de antigamente, a aura cintila pela última vez. É o que lhes dá sua beleza melancólica e incomparável. Onde, contudo, o rosto humano se retira da fotografia, o valor de exposição supera, pela primeira vez, o valor de culto.

Para as coisas que estão a serviço do culto é mais importante que estejam disponíveis do que sejam expostas ou vistas. Seu valor de culto depende de sua existência e não de sua exposição. Em nossa sociedade, ao contrário, na qual as coisas precisam ser expostas simplesmente para *ser*, já que todas se tornaram mercadoria, o valor de exposição se torna absoluto. Tudo o que jaz em si mesmo, que permanece e se demora em si mesmo, não tem mais nenhum valor. As coisas ganham um valor apenas, então, quando são expostas e vistas. As pessoas se comportam também como mercadorias. Elas se expõem, se produzem, para aumentar seu valor de exposição.

Aquele rosto humano com seu valor de culto hoje desapareceu completamente da fotografia. A era do Facebook faz do rosto humano uma *face* contida totalmente em seu valor de exposição. A *face* é o rosto exposto sem a áurea do olhar. É uma forma de mercadoria do rosto humano. É inerente ao olhar uma interioridade, um recato, um distanciamento. O olhar não pode, assim, ser exposto. Ele precisa ser destruído para que o rosto se torne uma *face*, uma *commodity*.

Pode-se entender apenas a partir da fúria expositiva por que as pessoas hoje saltam diante da câmera. Está desaparecendo o momento ou o acontecimento no qual ocorria o culto da lembrança. Todos estão se apressando para ficar à frente e se expor. Preciso ser uma marca. Nesse processo, a fotografia torna-se carente de mundo. O mundo degenera em um belo pano de fundo do ego.

Tem surgido hoje uma fotografia sem lembrança e história, uma fotografia que ao mesmo tempo sempre está saltando, com uma estrutura de tempo completamente diferente, sem amplitude ou profundidade temporal, uma fotografia que reduz o momento a uma emoção fugaz, que não é narrativa, mas puramente dêitica. No salto, o corpo todo é utilizado como um dedo indicador que aponta para si mesmo.

A essência da fotografia é, para Roland Barthes, um "foi assim". É ele que confere à fotografia seu valor de culto. A imagem digital, ao contrário, não tem idade, destino e morte. Ela é caracterizada por uma presença e presente permanentes. Não é mais uma mídia da lembrança, mas de exposição, como a vitrine.

No fragmento *O anseio de terra natal, sem terra natal – O peregrino*, Nietzsche escreve: "Deus, que certa vez criaram do nada – que maravilha! Para vós, ele, então, se tornou nada. Macacos aranhas a saltar precipitados da mesma maneira". Nietzsche chamava também os "últimos homens" de macacos aranha saltitantes. Parecem o "rebanho" que "salta de lá para cá, há pouco amarrado em seus desejo e desalento, estacado no momento". Hoje, os "últimos homens" de Nietzsche saltam diante da câmera. Surge um novo homem: *homo saliens* – o homem saltitante. Embora pelo seu som seja parente do *homo sapiens*, nele se esvaneceu completamente a virtude do discernimento e da sabedoria que caracterizava o *homo sapiens*. Salta para chamar a atenção.

De onde vêm os refugiados?

Foram rápidas e espetaculosas as ações para salvar os bancos na crise financeira de 2008. Os estados europeus os impediram de quebrar injetando 1,6 trilhões de euros. 1,6 trilhões de euros de imposto corresponde a 13% do PIB europeu. A crise financeira custou só à Alemanha 187 bilhões de euros.

Quando esteve em jogo a sobrevivência dos bancos, a Europa se mostrou determinada e abnegada. Quando, ao contrário, são vidas humanas que estão em perigo, agem com menos determinação. A clara declaração de Angela Merkel sobre a ajuda aos refugiados, na terça-feira, é uma exceção à regra. Mesmo assim, diante da crise dos refugiados vale lembrar em que medida o Ocidente é corresponsável pela miséria da qual as pessoas se refugiam em massa.

Alguns fatos sobre a África, o continente do qual vem a maioria dos refugiados de barco pelo Mar Mediterrâneo: o colonialismo europeu, que levou a indizíveis sofrimentos à África, existe até hoje em seus princípios fundamentais segundo uma forma mais sublime, mais ampliada internacionalmente. Antigamente os poderes coloniais europeus dividiram o continente africano com fronteiras arbitrárias, causando com isso conflitos. Mesmo após o fim da dominação colonial, os europeus e os Estados Unidos apoiaram déspotas por décadas para conseguir impor seus próprios interesses. Então, é a voracidade e a cobiça por matéria-prima barata que leva à instabilidade política na África, gerando guerras com trocentas vítimas. Estados nacionais como o Congo são destruídos se tornando territórios controlados por senhores da guerra com soldados infantis. Esses senhores da guerra mantêm relações sociais com empresas ocidentais para as quais a única coisa que interessa é a matéria-prima. Conflitos étnicos não passam de uma cena secundária.

As terras raras que são colocadas nos produtos que tanto amamos, como os *smartphones*, os *tablets* ou mesmo os *videogames*, são retirados sob condições de trabalho catastróficas. Nessa exploração predominante na China, todos os países industrializados tomam parte. O bem-estar e a prosperidade do Ocidente se baseiam na miséria dos outros, em uma assimetria constitutiva do capitalismo global. Violência e injustiça são imanentes ao sistema. O bem-estar global contradiz a lógica do capital.

Em 2013, a França enviou suas forças de combate a Mali. Na superfície, tratava-se do combate aos terroristas islâmicos, mas aqui os recursos naturais também assumiam um papel relevante. O consórcio francês estatal Areva explora urânio em Níger, um país vizinho, para usá-lo nas usinas atômicas da Europa. O espólio resultante da exploração de urânio está ao ar livre. Em uma reportagem na *Spiegel* de 2010 já era possível ler que a "clínica de Areva" escondia o perigo de contaminação de câncer devido à exploração de urânio, atribuindo à malária as mortes por câncer. Jean Ziegler realiza mais uma vez uma explicação impressionante, em seu livro *Destruição em massa: geopolítica da fome*, sobre como as catástrofes de fome acontecem em todo o mundo. Geralmente se devem às políticas do FMI que quer abrir os países do Sul global aos consórcios de alimentos transcontinentais. O comércio livre, contudo, arruína a economia local, sendo uma das causas da fome e da morte. A EXPO MILÃO, querendo combater a fome mundial com novas técnicas, vista desse modo, não passa de puro cinismo.

Ou podemos nos lembrar do Leste Europeu: a Nasa bombardeou, em 1999, na Guerra de Kosovo, o país sem uma autorização da ONU – até as forças militares alemãs realizaram ataques aéreos. A reconstrução abrangente do país prometida pelo governo alemão, contudo, não foi feita. E agora envia os refugiados de volta a Kosovo.

Ou, mais próximo no tempo, podemos nos lembrar do Oriente Médio: a intervenção militar europeia na Líbia de 2011 levou o país ao caos. O caos atual no Iraque é antecedido da Guerra do Iraque justificada pelo Ocidente com mentiras deslavadas. O Iraque era uma região étnica e religiosamente instável, em grande potencial de conflito, um produto da dominação colonial britânica, como o Afeganistão no século XIX. Com a intervenção soviética, a guerra civil se transformou em uma guerra por procuração entre a União Soviética e o Mujahidin apoiado pelos Estados Unidos.

As pessoas passam a fugir, então, do Talibã. Mas também nesse ponto o Ocidente tem certa culpa. Professores de Direito da Stanford e da Universidade de Nova York concluem, em seu estudo *Living Under Drones* [Vivendo sob drones], que o ato de matar preventivamente por drones não reduz a ameaça terrorista. Desde que se começou a utilização de drones, ele até mesmo aumentou, já que fomentou o ódio e a vingança. Quanto mais civis são mortos, maior o número de terroristas. E o dia a dia é determinado pelo medo.

O Estado Islâmico é agora sem dúvida a maior ameaça – seus fundamentos também foram preparados com a Guerra do Iraque. E se deveria considerar que o islamismo radical e o capitalismo neoliberal são dois lados da mesma moeda. O ditado da Al Qaeda "vocês amam a vida, e nós a morte" chama a atenção para que o fato de que se condicionam um ao outro o islamismo radical e a sociedade do consumo, com sua histeria por saúde que torna a vida em mera vida sem sentido que deve ser prolongada a qualquer preço. E apenas o dinheiro não promove nenhuma identidade. Aqueles que foram abandonados não deixam de ter apenas identidade, mas também esperança. Um exemplo que fala por si mesmo são os jovens de Dinslaken, uma cidade alemã com taxa altíssima de desemprego, arrastados na "Guerra Santa".

Por fim, lembremo-nos da Síria: a guerra civil se desenvolveu ali até chegar a uma guerra por procuração, na qual se envolveram Rússia, Irã, os Estados Unidos e os países do Golfo. Aqui também seria preciso considerar que os países do Golfo, com suas reservas de petróleo, são postos avançados do capitalismo global. E que os milhões de imigrantes da Ásia e da África trabalham como escravos ali zelando pelo bem-estar do Ocidente.

A festejada *Wilkommenskultur* – a cultura alemã da recepção positiva aos estrangeiros –, a compaixão aplaudida por tantos ou mesmo a recriminação da ausência de solidariedade em alguns países europeus não resolve o verdadeiro problema. E sentimentos são míopes e se aplacam rapidamente. Apenas a razão tem perspicácia e visão larga, e é a razão política que se requer agora. A discussão sem fim sobre as cotas é apenas um álibi para uma política ausente. E levantar cercas nas fronteiras é uma política como ação policialesca que compreende os refugiados como criminosos. Apenas uma ação resoluta e comandada pela razão pode acabar com a guerra por procuração na Síria e a miséria indizível dos refugiados. A Europa deveria, nesse sentido, ter mais autoconsciência, tomando mais responsabilidade política pelo mundo. Ou então lhe aguardará a qualquer momento um despertar cruel.

Onde moram os caras selvagens

O famoso texto de Kant, *À paz perpétua*, tem um significado preeminente ainda hoje, e principalmente hoje, face ao aumento de conflitos globais e da crise de refugiados acentuada. Sua reivindicação à razão até hoje não perdeu atualidade. O esclarecimento dirigido pela razão é um processo que ainda está em funcionamento.

Face aos conflitos globais, hoje muitos sentem ser algo doloroso que a humanidade ainda esteja muito longe do uso correto da razão, e, ainda mais, que ela ainda não tenha chegado à razão. Para Kant, é a razão que acaba com o estado de guerra como estado natural, fazendo do estado de paz uma "obrigação imediata". A liga das nações sugerida por Kant é uma "liga da paz (*foedus pacificum*)" dirigida pela razão.

Ela se diferencia do "pacto de paz (*pactum pacis*)", uma vez que este acaba uma guerra, mas não com o estado de guerra como estado natural: "povos, na condição de estados, podem ser julgados como particulares que se lesam, em seu estado natural (ou seja, na independência de leis exteriores), já por sua coexistência e cada um pode exigir do outro que entre com ele em uma constituição semelhante à constituição civil, que assegure a cada um o seu direito. Isso seria a liga das nações".

A tentativa de justificar a guerra, mesmo que apenas de modo hipócrita, é já para Kant evidência de "que é preciso encontrar uma disposição moral mais profunda, latente até então, a dominar o mau princípio que mora neles", pois, "caso contrário, à boca dos estados que querem fazer a guerra", continua Kant, "nunca chegaria a palavra 'direito'".

Segundo Kant, a paz também é exigida pelo "espírito comercial" que "não pode coexistir com a guerra e que, antes ou depois, se apodera de todos os povos". O "poder do dinheiro" obriga o Estado a repelir a guerra, prejudicial para os negócios. Essa paz, contudo, não remonta aos "impulsos da moralidade", mas ao "próprio interesse mútuo". Aqui não é a razão, mas a "natureza" que zela, por meio do "mecanismo das inclinações humanas", para a obtenção e conservação da paz. A razão, ao contrário, não age segundo interesse próprio. Por esse motivo, ela se opõe às "inclinações" subjetivas.

A União Europeia (UE) como uma zona de livre-comércio europeia, como comunidade fruto de um pacto entre os governos com seus interesses nacionais, não seria para Kant um produto da razão. A razão só viria a si no momento em que a UE, como comunidade fruto de um pacto, se convertesse em uma comunidade constitucional democrática, estabelecendo valores humanistas como dignidade humana ou igualdade e nomeadamente a moralidade. O que impede que tome esse caminho é, contudo, o "poder do dinheiro", o "espírito comercial" que domina também na UE atual. A UE só pode então se transformar em uma comunidade constitucional dirigida pela razão quando repelir o poder do dinheiro que hoje se afirma como hegemonia do capital.

A ideia da paz perpétua de Kant atinge seu ponto culminante em sua exigência a uma "hospitalidade" (*Gastfreundschaft*) universal. Ela exige que cada estrangeiro tenha um direito de permanecer em um outro país. Ele pode morar ali, sem ser tratado de modo hostil, "enquanto ficar pacífico em seu lugar". Ninguém teria, para Kant, "mais direito a estar num lugar da Terra do que o outro". A globalização do mundo, à qual Kant de fato está indicando, deveria acarretar uma constituição cosmopolita.

Kant remete sobretudo à "conduta inóspita dos estados civilizados, particularmente dos comerciantes". A "injustiça que demonstram na visita a países e povos estrangeiros (para eles, significa o mesmo que conquistá-los)", para ele, "produz espanto"! Nessa passagem, Kant faz uma denúncia enfática dos estados europeus por sua exploração mais cruel e pela escravidão que vilipendia a humanidade. Bebem "injustiça como água", diz Kant, e pretendem "se considerar eleitas dentro da ortodoxia". Agiram nas terras estrangeiras não como um convidado, mas como ladrões. Ao contrário dos "europeus selvagens", são os refugiados ou os que estão procurando asilo que adentram hoje na Europa como convidados, sendo pacíficos, afirmaria Kant hoje.

A hospitalidade não é uma representação utópica que repousa no amor humano, mas uma ideia coercitiva da própria razão: "trata-se, neste artigo, como nos anteriores, de direito e não de filantropia, e hospitalidade significa aqui o direito que tem um estrangeiro de não ser tratado hostilmente pelo fato de estar em um território alheio". A hospitalidade não seria "uma representação fantástica, nem extravagante, do Direito, mas uma complementação necessária do código não escrito do Direito Político e do Direito de Gentes em um Direito Público da Humanidade, sendo um complemento da paz perpétua, ao constituir-se em condição para uma contínua aproximação a ela". A conduta inóspita de muitos estados europeus na crise atual dos refugiados representa um grande perigo, uma reincidência severa. Assemelha-se a uma nova barbárie.

A razão em sentido kantiano formula uma regra universal que se eleva acima dos próprios interesses. A política da EU em relação aos refugiados está a ponto, hoje, de fracassar pela irracionalidade de muitos estados-membros e suas persistências egoístas nos próprios interesses. O interesse próprio não é uma categoria da razão, mas do entendimento. Orientar-se pelo interesse próprio tem, claro, algo de racional, mas não é racional em sentido mais profundo. Em alemão diríamos que é *rational*, mas não *vernünftig*, como se a palavra de origem latina não estivesse à altura de seu sinônimo não latino. Falta moralidade a esse tipo de orientação. Quem se orienta pelo interesse próprio não age segundo o "impulso da moralidade". O interesse próprio é uma "inclinação" humana que precisa ser superada em prol da razão. As inclinações não nos fazem livres. Apenas a razão moral que legisla a si mesma promete a liberdade. Face à crise dos refugiados foi afirmado há pouco: "quem sente apenas compaixão não tem compreensão ou entendimento". Kant replicaria: "Quem tem apenas entendimento não tem razão". Se alguém aludisse ao alto custo de uma criança refugiada órfã, Kant aludiria expressamente à sua dignidade que deve ser incondicionalmente resguardada. O preço pertence à categoria do entendimento, a dignidade, ao contrário, à da razão.

Associações econômicas hoje indicam com veemência que a Alemanha poderia se beneficiar com os refugiados, já que eles suavizariam a falta de força de trabalho, o que daria ao país até mesmo um rejuvenescimento demográfico, indicam, portanto, que eles trariam mais benefícios do que malefícios. É bem possível que seja mesmo assim. Mas a discussão sobre como deveríamos lidar com os refugiados deve ser levada além do cálculo de seus benefícios e utilidades.

A questão da utilidade degrada a decisão da razão a um cálculo racional limitado. A razão moral deveria ter primazia frente ao entendimento calculante. A moralidade se diferencia fundamentalmente do comércio e do cálculo. É, de certo modo, cega. Justamente nisso consiste sua força incorruptível, sua humanidade.

No hipercapitalismo atual vigora apenas o preço. Nele não há espaço para a dignidade. O capital, hoje, faz tudo se submeter a ele. *Lifetime value*, o valor de uma vida, significa a soma dos valores que é gerado de uma pessoa vista na condição de cliente ao se comercializar cada momento de sua vida. A pessoa humana é reduzida aqui ao valor de cliente ou de mercado. No conceito reside a intenção de traduzir a pessoa inteira, sua vida inteira, em um valor puramente comercial. O hipercapitalismo dissolve também a existência humana completamente em uma rede de relações comerciais. Hoje não há mais domínio da vida que se despojaria do aproveitamento comercial. O hipercapitalismo faz com que todas as relações humanas se tornem relações comerciais. Toma da pessoa humana sua dignidade e a substitui por valor de mercado. O mundo, hoje, se tornou uma loja de departamento única. Estaria a UE como espaço da loja de departamento europeia aberto para os refugiados? Refugiados não são mesmo apropriados em uma loja de departamento.

A Alemanha pode se afirmar, então, como uma nação cultural dirigida pela razão apenas quando seguir coerentemente as consequências de seus valores morais como dignidade humana. Não temos compromisso meramente com a solidariedade ou compaixão, mas sobretudo com a razão. A razão é muito mais estável e confiável do que a mera compaixão. A crise dos refugiados seria até mesmo uma grande chance histórica para a Alemanha de se provar ao mundo como um país moralmente adulto e confiável, no qual reina a razão.

Todo populismo em relação à crise dos refugiados trai a razão. Políticos como Viktor Orban também se separam completamente da razão, decaindo-se novamente em uma "europa selvagem". E os radicais de direita que atacam os refugiados de modo violento sem qualquer inibição revelam, diria Kant, justamente a "rudeza, incúria e degradação brutal da humanidade".

No "Apêndice", ao qual pouca atenção foi dada até agora, à "paz perpétua", "Sobre a discrepância entre a moral e a política a respeito da paz perpétua", Kant chama atenção para a necessidade de unir política e moral. A moral, para Kant, é a "quinta-essência das leis incondicionalmente obrigatórias". A verdadeira política não pode "fazer nenhum avanço sem antes homenagear a moral". Hoje também há, quanto a isso, um grande desacordo entre moral e política ao se submeterem, ambas, não às leis da razão, mas apenas às coações econômicas. A economia não é uma categoria da razão. A moral dá lugar à "teoria geral da prudência", uma "teoria das máximas para escolher os meios adequados aos seus propósitos interessados". Tal teoria nega "que exista uma moral como tal".

Hoje, a política se atrofia, se tornando um sistema parcial, na linguagem luhmmaniana da teoria dos sistemas, sendo o poder sua mídia, enquanto a economia se desenvolve em um supersistema que anexa todos os domínios sociais como seus sistemas parciais. Mesmo o sistema moral parece ter sido monopolizado por tal supersistema, pois dá pra vender bem um punhado de moral. A política, na condição de sistema parcial subjugado, não consegue influenciar o sistema econômico, por lhe ser completamente dependente. A possibilidade de ação disponível no interior do sistema político parcial está reduzida à mera conservação do poder. Assim, envida-se todos os meios para se manter no poder. Ter visão pode ser até mesmo um impeditivo para a manutenção no poder.

A política deveria voltar a se submeter aos "impulsos da moralidade" e seus valores, como solidariedade, justiça e dignidade humana. Para isso, o "poder do dinheiro" deveria repelir a hegemonia do capital, ou ao menos aplacá-la. A política, que carece de toda moralidade, degrada a UE em um mercado ou em uma loja de departamentos com uma injustiça cada vez maior. Uma loja de departamentos não é, contudo, uma pousada de braços abertos aos hóspedes. É preciso que a Europa se eleve acima do "espírito comercial", sobre o interesse pessoal, e se mostre como uma pousada, de braços abertos aos hóspedes.

Quem é o refugiado?

"We Refugees" é como se chama um ensaio de Hannah Arendt publicado em 1943 no *The Menorah Journal*. Nele, ela abandona de um modo genial o conceito de refugiado. Ela escreve o seguinte: "refugiado até agora tem sido considerado qualquer pessoa que por algum ato ou por expressar alguma opinião política foi obrigada a procurar refúgio; a maioria de nós nunca sonhou em ter qualquer opinião política radical. O sentido do termo 'refugiado' mudou conosco. Agora 'refugiados' são aqueles de nós que tiveram a 'infelicidade' de chegar a um novo país sem meios e tiveram que ser ajudados por comitês de refugiados". Ela não se caracterizaria como "refugiada", mas como "recém-chegada" ou "imigrante". Arendt tem em mente nessa passagem uma figura totalmente nova, que estava talvez surgindo, do refugiado. Este é simplesmente alguém que se dirige a um novo país por esperar com isso uma melhora de sua vida.

Arendt descreve a figura do "refugiado otimista" da seguinte forma: "os mais otimistas entre nós teriam mesmo acrescentado que toda a sua vida anterior teria sido passada numa espécie de exílio inconsciente e apenas o seu novo país lhes ensinaria agora o que se parece uma casa. Depois de um único ano os otimistas estavam convencidos que falavam inglês tão bem quanto a sua língua materna; e depois de dois anos juravam solenemente que falavam inglês melhor do que qualquer outra língua – o seu alemão é uma língua que dificilmente lembram". Para esquecer, essa espécie de refugiado evita qualquer alusão ao campo de concentração ou de internação que os faria "pessimistas". Hannah Arendt cita as palavras de um compatriota que, malchegado na França, já disse em uma sociedade para ajustamento: "fomos bons alemães na Alemanha e, portanto, teremos que ser bons franceses na França". O imigrante ideal, para Arendt, é como aquela "mulher um pouco forte que se delicia com qualquer vestido que prometa lhe dar a cintura desejada".

No sentido que Hannah Arendt dá, eu mesmo seria um refugiado otimista. Eu quis viver uma vida em um novo país, uma vida que não era possível em meu país natal. As expectativas do meu entorno social não me permitiam viver ou mesmo pensar de uma maneira completa e radicalmente diferente. Na época eu tinha 22 anos. Depois de me graduar em metalurgia na Coreia, eu quis estudar filosofia, literatura e teologia na Alemanha. No *campus* da minha universidade, em Seul, eu olhava constantemente para o céu e pensava comigo que ele era bonito demais para que eu passasse toda minha vida sob ele como metalúrgico. Eu sonhava com uma vida melhor e mais bela. Queria meditar filosoficamente sobre a vida. Tomei um voo para a Alemanha. E cheguei, com 22 anos, sem recursos e atônito. Estava sem palavras, já que na época não falava nada de alemão.

No começo, eu era confrontado, como todo refugiado otimista, com a solidão social. É doloroso. Pude experimentar profundamente a dor do refugiado de hoje. Sofro com eles. Era difícil me integrar nas estruturas sociais com meu péssimo alemão. A falta de conhecimento da língua era o que mais me impedia de me aclimatar na vida que ansiava (da assim chamada integração, prefiro não falar muito). Então o amor se mostrou a melhor estratégia de adaptação. Uma alemã que me amasse, eu raciocinava com simplicidade, iria me ouvir e me ensinar a língua alemã rapidamente, para poder entender o que eu penso sobre ela, quais sentimentos eu tinha em relação a ela etcetera. Estava quase esfomeado por cada nova palavra alemã. Eu queria falar alemão, esta era minha ambição, como um alemão. Quem, como se sabe, seguiu essa estratégia foi Willy Brandt. Em poucos meses de exílio já escrevia artigos e falava em norueguês. Durante o tempo que morou clandestinamente em Berlim com o pseudônimo de Gunnar Gaasland, falava alemão com sotaque norueguês. Claramente, não era apenas seu dom com a linguagem, mas também sua avidez por linguagem, sua avidez mesmo por amor, que fez com que ele acelerasse de tal maneira a aquisição de uma outra língua.

Um ano depois de minha chegada na Alemanha, acreditei, como tal refugiado otimista da Hannah Arendt, que eu dominava alemão melhor do que qualquer outra língua. O patriotismo também é para Hannah Arendt uma pura "questão de exercício". O "imigrante ideal" é quem "vê prontamente e ama as montanhas nativas". É um patriota, alguém que ama os países. Ama o país, no qual passa a se estabelecer. Eu também amei esse país. Um dia eu me naturalizei, abrindo mão do passaporte coreano. Sou, então, um alemão. Nesse meio-tempo, passei a falar alemão melhor do que minha língua materna, que passou a ser realmente somente uma língua materna. Só falo mesmo coreano com a minha mãe. Minha língua materna se tornou, então, estranha. Eu amo a Alemanha. Eu me caracterizaria até mesmo como patriota, como alguém que ama esse país. Em todo caso, sou com certeza mais patriota do que Petry, Gauland e Höcke juntos. Com seu populismo irresponsável, humilham a Alemanha, o país que sempre foi para mim um país bastante acolhedor.

Quem foi um bom cidadão no país de origem, será também no novo país. Devemos continuar a dar as boas-vindas aos "recém-chegados". Quem já era criminoso no país de origem, como Anis Amri, continuará sendo criminoso no novo país. Vamos rejeitá-lo. Tínhamos que oferecer um meio social aos recém-chegados, contudo, no qual possam se tornar bons cidadãos.

O que significa, porém, ser um bom cidadão? Eu sou o segundo coreano que se tornou professor na Universidade das Artes de Berlim. O primeiro se chamava Isang Yun. Foi um compositor relevante. Era uma pessoa política. Nos anos de 1960 protestou frequentemente contra a ditadura militar na Coreia do Sul. No meio do ano de 1967, foi sequestrado na Alemanha pelo serviço secreto sul-coreano. Foi condenado, em Seul, a prisão perpétua. Logo após sua libertação precoce, voltou para a Alemanha, expatriado, agora, pelo regime sul-coreano. Tornou-se um refugiado e se naturalizou alemão. Mas talvez ele se negasse, como Hannah Arendt, a dizer que era um refugiado: "Sou um imigrante bom, otimista", teria dito, como Hannah Arendt. Seu alemão era excelente.

Um bom cidadão é bom pelas suas convicções. Partilha dos valores morais, como liberdade, fraternidade e justiça. É verdade que suas ações contra o sistema político dominante foram criminalizadas por este mesmo regime. Mas, apesar disso, e devido à sua convicção moral (em sentido kantiano), ele é um bom cidadão, bem como um patriota, alguém que ama o país e as pessoas.

Nos últimos anos de sua vida, Isang Yun estava desesperado pela eclosão de xenofobia na Alemanha reunificada. Ele ficou consternado com a multidão que aplaudia em frente ao incêndio do que até então era um albergue para trabalhadores vietnamitas em Rostock-Lichtenhagen. Aquilo o decepcionou, pois amava a Alemanha. Aos meus olhos, o que aconteceu em Rostock se assemelha a um pogrom. No momento, inquieto-me com a xenofobia reacesa face aos muitos refugiados na Alemanha e em outros países europeus. O que eu mais gostaria seria poder fugir novamente para um país dos sonhos, um país acolhedor, no qual eu possa ser nova e completamente um patriota que ama o seu país.

A beleza está no estrangeiro

O que é a Europa? Como podemos definir a Europa? Todos os partidos liberais se comprometem hoje com a Europa. Mas se comprometem, na verdade, com o que exatamente? Com um continente delimitado geograficamente? Ou com uma ideia?

Mas qual ideia é o fundamento da Europa? Onde começa e onde termina a Europa? A Rússia, por exemplo, país do qual a Europa atual procura tanto se distanciar não apenas em relação à economia, mas também do ponto de vista militar, pertence tanto geográfica como culturalmente à Europa.

Estaria de fato a Europa sem alternativas? A alternativa à Europa, assim como a alternativa para a Alemanha, é hoje completamente reivindicada e quase monopolizada pelos partidos populistas de direita.

Não há mesmo nenhuma alternativa à Europa que realmente pudesse ser representada corajosamente justamente pelos partidos liberais? A Europa erra hoje por discussões políticas pouco racionais e abstratas.

É possível isolar a Europa, se não geograficamente, então conceitualmente? A Europa, se observada de perto, contudo, parece bem espectral.

O nome Europa alude à palavra grega *europe*. *Europe* é uma palavra composta por *eurys* (largo, amplo) e *ops* (olho, vista). Europa significa, visto desse modo, simplesmente o seguinte: a vista ampla, larga.

Um belo nome, na verdade. Segundo a mitologia grega, Europa é o nome de uma princesa fenícia que Zeus sequestrou e levou para Creta. O antepassado da Europa veio, paradoxalmente, do Oriente.

Em um primeiro momento, Europa como um termo geográfico estava limitada apenas ao Peloponeso. Foi a partir do geógrafo grego Heródoto que o conceito se ampliou para as terras continentais ao norte do Mar Mediterrâneo.

Não é possível, contudo, definir geograficamente a Europa. Não há fronteiras claras que separariam a Europa da Ásia. A Europa é, portanto, um construto submetido, desse modo, às vicissitudes da história e que pode ser desconstruído. Hoje, a Europa se degrada em um construto puramente econômico.

Seriam europeus os habitantes da cidade portuária russa Vladivostok, mais ao leste até do que a Coreia do Norte, e seus vizinhos asiáticos? Um japonês ou um chinês se deixaria chamar de asiático apenas a contragosto.

Se um alemão me dissesse "seu asiático!" soaria quase um insulto ou até mesmo racista. É, no mais tardar, nas fronteiras entre a Coreia do Norte e a Rússia que o conceito de Europa se vê a oscilar.

Os alemães tendem ao abstrato. Essa seria uma pergunta bem alemã: "o que é o alemão?" Nenhum coreano se perguntaria: "o que é o coreano?" O coreano responderia *kimchi* ou *bibimbab*.

Os alemães, ao contrário, ficariam ruminando a questão. Tentariam com todos os meios chegar a uma definição ou evocar a "essência".

Até mesmo Adorno se sentiu obrigado a dar uma definição em seu texto "O que é o alemão?" No seu estilo tão típico, ele escreve o seguinte: "não em tentativas sem esperança de estabelecer o que o alemão pode ser é que o significado que este termo ainda pode assumir é que seria possível afirmar, na fidelidade à ideia de que o modo como ele é não deveria ser o último: na passagem para a humanidade".

Adorno eleva o alemão à figura diametralmente oposta ao mercado e ao capitalismo nos quais os americanos, segundo ele, decaíram. Ser alemão significa, por conseguinte, uma obrigação de humanidade rompida radicalmente com o capitalismo.

Hoje, a própria Europa é um construto abstrato econômico que se impõe na cabeça das pessoas. Inscreve-se perfeitamente no contexto global. A Europa como um abstrato econômico causa em toda parte um mal-estar. Todo abstrato nivela as diferenças. É nisso que está o seu perigo.

A globalização elimina, então, de maneira violenta todas as diferenças regionais com a finalidade de acelerar a comunicação e a circulação de capital. Justamente em face da violência da globalização que torna tudo igual, desperta o anseio nostálgico por uma identidade que hoje é operado sobretudo pelos partidos populistas de direita.

A globalização que iguala tudo, equivalente a uma monetarização total do mundo, rapta um sentido e orientação. A violência des-localizante da globalização faz despertar um anseio nostálgico de um local. Os movimentos separatistas e identitários representam, exatamente do mesmo modo como os terroristas internacionais, uma resposta irracional à violência do global que nivela tudo. O terrorista tenta produzir à força um sentido por um caminho imaginário.

A Europa não é hoje nada além de um construto econômico burocrático, uma zona de comércio livre com muros e cercas ao exterior que devem impedir a entrada de visitantes indesejados. A globalização torna tudo igual e comparável.

Toda exterioridade é expulsa. A singularidade do outro perturba o contexto global que se impõe em nossa cabeça. À supremacia do contexto global se reage hoje com nacionalismo, regionalismo e provincialismo, que se mostram, não obstante, como liberdade e independência. A Catalunha é um exemplo disso.

Face a esse desenvolvimento não é desejável ser um europeu. É melhor permanecer alemão e se deixar inspirar pelos outros. Ser um francês que se deixa inspirar pelo alemão é mais desejável do que ser um europeu igual em toda parte.

Na Feira do Livro de Frankfurt desse ano, o presidente francês, Emmanuel Macron, fez a seguinte observação: descobriu Baudelaire por meio de Walter Benjamin. Ou seja, somente um alemão, um alemão judeu, ofereceu Baudelaire à leitura para o francês. O estranho decifra-lhe o próprio.

O francês se torna o próprio, portanto, apenas por meio de um alemão mediado por um judeu alemão. Ou seja: o estrangeiro é constitutivo para o próprio. Sem o estrangeiro, seríamos todos cegos perante o próprio.

A cantora francesa Barbara, uma judia francesa, viajou em 1964 para Göttingen e se deixou inspirar por essa cidade estrangeira. "Göttingen", a bela canção que tornou Barbara mundialmente conhecida, surgiu dessa experiência. A cidade de Göttingen concedeu justamente à fantasia da cantora pelos outros uma identidade insubstituível. Barbara decanta a cidade como lugar do amor e da conciliação.

> *Certo que não tem o Rio Sena*
> *Nem os bosques de Vincenna,*
> *Mas haveria muito o que falar*
> *De Göttingen, De Göttingen.*
> *Quanto não se cantou Paris,*
> *De Göttingen se louva é nada,*
> *Mas flore o amor também ali*
> *Em Göttingen, em Göttingen.*

Reconciliação significa, segundo Hegel, mediar o universal com o particular. Nessa medida, a Europa atual não é um construto da reconciliação, uma vez que se comporta como um poder pós-político, burocrático, que se opõe ao particular ou que se sobrepõe ao particular.

Reconciliação significa também liberdade. O particular carece de liberdade quando é submetido ao universal abstrato. O universal abstrato provoca resistências de diferentes modos.

Pessoalmente, não gostaria necessariamente de me sentir em casa na Alemanha. A Alemanha continua sendo meu belo estrangeiro, e eu continuo sendo um estrangeiro que se deixa inspirar pelo estrangeiro. Nessa medida eu sou um patriota, ou seja, alguém que ama o país, ao amar a Alemanha e a língua alemã como estrangeiras.

Eu amo as moedas estrangeiras. Fico irritado toda vez quando viajo à Itália ou à França e me deparo com as mesmas moedas. Seria sempre uma alegria colocar as mãos em uma nota estrangeira durante a viagem. O Euro, igual em tudo que é canto na Europa, me toma essa alegria particular.

Eu era apaixonado por colecionar selos quando criança. Despertavam em mim uma fantasia pelo estrangeiro. Teria sido um horror a introdução dos selos europeus. O igual, o global, não me deixa encantado, nem fascinado. Acho que o espírito ama o estrangeiro. Sem este, a inspiração se esgota.

Barbara não teria aspirado ser uma cidadã europeia. Ela era uma judia francesa que cantou sua música também em alemão por compromisso com a reconciliação. É belo o alemão da Barbara. Para mim, a estrangeiridade é imprescindível à beleza. Tudo que é realmente belo é estrangeiro.

O inglês global, do qual se liquida toda estrangeiridade, é o nível absolutamente mais atrofiado da linguagem. Soa bem estranho os alemães que conversam entre si em inglês global. Os alemães deveriam continuar alemães. Deveriam até mesmo desenvolver tantas singularidades quanto possível sem qualquer má consciência.

Os franceses deveriam se tornar mais franceses e não europeus, sem, contudo, professar uma fronte nacional. Que somos estrangeiros uns aos outros não é necessariamente um estado que se deve eliminar. Hoje é suprimida a estrangeiridade, uma vez que esta põe obstáculos à troca global de capital e informação.

Todos nós nos transformamos em conformistas que, no entanto, exigem de si mesmos uma autenticidade vã. Estamos entregues hoje ao conformismo da alteridade.

A paz voltaria finalmente ao nosso planeta quando todos fossem um europeu no sentido literal do termo, a saber, uma pessoa com visão larga. Uma outra palavra para visão larga é razão. A Europa pode exigir de si mesma ser um construto cultural no qual o conceito de razão surgiu.

O esclarecimento é uma conquista europeia. Hoje nos distanciamos cada vez mais da razão, fugindo regressivamente à mitologia da qual se valem os populistas de direita. A razão não comanda a Europa, mas, como formulou Immanuel Kant em seu texto famoso, *À paz perpétua*, a *Gastfreundschaft*, a hospitalidade.

Lembrar-se disso só fará bem em uma época tão dominada por hostilidade e xenofobia. Referindo-se a Adorno, eu afirmaria que ser europeu não significa outra coisa do que: "estar na passagem para a humanidade". Nesse caso, eu seria europeu de bom grado.

A urgência de tudo

> *"Por falta de sossego, nossa civilização desemboca em uma nova barbárie. Em nenhuma época os ativos, quer dizer, os desassossegados, desfrutaram tanto. Faz parte, portanto, das correções necessárias que precisam ser feitas ao caráter da humanidade, o fortalecimento em ampla escala do elemento contemplativo".*
> (Friedrich Nietzsche, *Humano, demasiado humano*)

Não são todas as formas temporais que podem ser aceleradas. Seria um sacrilégio querer acelerar uma atividade ritual. Rituais e cerimônias têm seus tempos próprios, seus próprios ritmos e compassos. Todas as ações vinculadas às épocas do ano, do mesmo modo, não se deixam ser aceleradas. Carícias de amor, orações ou procissões não podem ser aceleradas. Todos os processos narrativos, incluindo também rituais e cerimônias, têm seu próprio tempo. Ao contrário de uma conta, um conto não pode ser acelerado ao ser contado. A aceleração destrói a estrutura narrativa temporal, o ritmo e o compasso de um conto.

A velocidade do processador pode ser elevada arbitrariamente, já que não trabalha de maneira narrativa, mas meramente aditiva. Assim, o processador se diferencia da procissão, que é um acontecimento narrativo. Hoje, todos os rituais e cerimônias têm sido abolidos por serem prejudiciais para a aceleração da circulação de informação, da comunicação e do capital. Assim, são excluídas todas as formas temporais que não pertençam à lógica da eficiência.

A aceleração dá nome à crise de tempo atual. Tudo fica mais rápido. Em tudo que é parte são oferecidas e difundidas práticas de aceleração. A crise temporal real é, contudo, que temos perdido as formas temporais que não permitem nenhuma aceleração, formas temporais que tornam possível uma experiência de duração. Hoje, o tempo de trabalho se totalizou como o tempo por excelência. Ele é o tempo que pode ser acelerado e propagado. As práticas de desaceleração não criam um outro tempo. Elas apenas desaceleram o tempo de trabalho, em vez de transformá-lo em uma coisa completamente distinta.

A experiência da duração hoje não é possível. O tempo do trabalho não a permite. Este não é um tempo narrativo, mas aditivo, acumulativo. A falta de duração nos passa a sensação de que tudo se acelera hoje. A causa do desaparecimento da duração, contudo, não é como se supõe equivocadamente, a aceleração. O tempo passa como uma avalanche, ao contrário, justamente porque não é mais parado, porque nada confere duração ao tempo. Os pontos do presente entre os quais não existe mais uma força de atração e uma tensão temporais, por serem meramente aditivos, desencadeiam a propagação do tempo, o que leva à aceleração sem direção, ou seja, à aceleração sem sentido.

A sociedade do desempenho atual toma o próprio tempo como refém. Ela o amarra ao trabalho. A pressão por desempenho cria então uma pressão por aceleração. O trabalho como tal não é necessariamente destrutivo. Pode, como diria Heidegger, levar a um "cansaço duro, mas saudável". Já a pressão pelo desempenho produz, contudo, mesmo quando na realidade não se tenha trabalhado tanto, uma pressão psíquica que pode esgotar a alma. O *burnout* não é uma doença do trabalho, mas do desempenho. Não é o trabalho enquanto tal, mas o desempenho, esse novo princípio neoliberal, que adoece a alma.

A pausa vista como pausa de trabalho não marca um outro tempo. Ela é apenas uma fase do tempo de trabalho. Hoje, não temos outro tempo que não seja tempo de trabalho. Há tempos perdemos o tempo da festa. O *Feierabend*, o tempo festivo após o trabalho, como véspera do dia festivo, nos é hoje algo totalmente alheio. O tempo da festa não é um tempo de relaxamento e recuperação do trabalho. A festa dá início a um tipo completamente diferente de tempo. A festa, assim como a celebração, diz respeito ao contexto religioso. A palavra latina *feriae* tem uma origem sagrada e significa o tempo determinado para atividades religiosas. *Fatum* é o lugar sagrado, consagrado pela divindade, ou seja, o santuário determinado para a atividade religiosa.

A festa começa onde a atividade do trabalho como "pro-fano" (literalmente: o que está antes do domínio do sagrado) termina. O tempo da festa se opõe diametralmente ao tempo do trabalho. O tempo festivo após o trabalho como véspera da festa anuncia e dá início ao tempo sagrado. Quando se revoga todos os limites ou soleiras que separam o sagrado do profano só sobra o banal e o cotidiano, ou seja, o mero tempo de trabalho. O tempo de trabalho é um tempo profanizado sem jogo, nem festa. E o imperativo de desempenho e de eficiência o explora.

Hoje, não apenas o tempo do trabalho penetra nossas férias, como também nosso sono. Por isso que temos sonos tão inquietos e agitados. O descanso também é, nesse sentido, apenas um modo de trabalho, por servir para a regeneração da força de trabalho. Visto desse modo, não é o oposto do trabalho, mas uma de suas aparências. A desaceleração ou a lentidão por si sós também não podem criar um outro tempo. São igualmente uma consequência do tempo acelerado do trabalho. Em oposição à opinião propagada em geral, a desaceleração não elimina a crise atual do tempo. A desaceleração por si só não faz do trabalho uma festa.

Hoje não é necessária a desaceleração, mas uma revolução do tempo que dê início a um tempo completamente diferente. O tempo que pode ser acelerado é um tempo do eu. É o tempo que eu me tomo. Há, contudo, um outro tempo, a saber, o tempo da co-humanidade com o próximo, um tempo que eu dou ao outro. O tempo do outro como dom não pode ser acelerado. Ele se despoja também do desempenho e da eficiência. A política do tempo do neoliberalismo aboliu completamente hoje o tempo do outro, do dom. É necessário hoje, então, uma outra política do tempo. Em oposição ao tempo do eu, que nos isola e separa, o tempo do outro promove a comunidade, o tempo comunitário. É o tempo *bom*.

In your face – A pornograficação das artes ou da coação de ir sem desejo às coisas

Diante da questão sobre o porquê de ter se despedido para sempre dos palcos, Botho Strauß responde: "no palco eu queria ser alguém erótico, mas hoje o que domina no teatro – estética e literalmente – é o pornográfico. Interesso-me por vínculos e variações eróticas, mas hoje não mais se vincula, nem se varia".

Em uma entrevista, Thomas Ostermeier também remete a essa mudança da estética teatral. A convenção básica da direção teatral de hoje é "vá ao palco, olhe para o público e grite", ejacular no público, portanto, um *facial*. Produzem-se afetos e se os derrama no público. Esse teatro pornográfico do afeto carece do olhar que questiona e responde ao outro. Não mais se vincula, nem se varia.

Eu preciso do outro para os vínculos e as variações eróticas. Estamos experimentando hoje cada vez mais o mundo do Ego e cada vez menos o do outro. O teatro pornográfico carece do dialógico. É, segundo Strauß, uma "empresa privada-psicopática". A capacidade de dialogar, de se dirigir ao outro, de escutar e responder, hoje tem desaparecido em todos os âmbitos. O diálogo não é mais encenação de revelações mútuas. Os afetos não são, em oposição aos sentimentos, estruturados dialogicamente. Falta-lhes a dimensão do outro. Por isso, não há nem emoções, nem afetos compartilhados. Sentimentos são fundamentalmente compaixão.

O erótico se distingue do pornográfico por ser indireto, sinuoso. Gosta das distâncias cênicas. Contenta-se com insinuações, em vez de expor as coisas diretamente. O ator erótico não é alguém que se expõe de modo pornográfico. O erótico é alusivo, não afetivo. É francamente oposto ao modo de tempo do pornográfico. Este é caracterizado pela trajetória de voo da ejaculação. Desaceleração e distração são modos temporais do erótico. O dêitico, o apontar diretamente às coisas, é pornográfico. A pornografia evita o sinuoso. Para falar com a semiótica: o erótico surge no excedente de significantes (signos) circulantes, sem se esgotar no significado. Esse excedente constitui o segredo e a sedução. O segredo não é um significado escondido. É constituído por um mais que se despoja do significado.

A pornografização não está excluída hoje do teatro. O efeito da imagem do pornô se estende a outros âmbitos. Abrange a própria percepção, tornando-a pornográfica. Não suportamos mais o demorado, o longo, o silencioso. Não temos mais paciência para a narrativa longa e demorada que passa languidamente por nexos e vicissitudes infinitas. Domina a coação pornográfica de ir rápido às coisas sem sedução ou erotismo. O sedutor dá lugar ao afetivo. Insinuações são eliminadas em prol da infecção direta.

No instrumento digital para edição de faixas de áudio há uma configuração *in your face*.

Proporciona uma impressão sonora imediata e mais forte. Os sons são despejados diretamente no seu rosto; são, novamente, *faciais*. O rosto se afoga com sons altos.

A recente encenação de *Aida* feita por Benedikt von Peter na *Deutsche Oper* em Berlim também testemunha a pornografização da música. A *Aida* na verdade começa com um pianíssimo duplo. Os primeiros violinos tocam *com sordino*, "com o mudo". Quando os segundos violinos se juntam tocando igualmente *com sordino*, do pianíssimo duplo se torna um triplo: *ppp*. A nova encenação de *Aida* realizada por Benedikt von Peter faz, para a crítica musical Christine Lemke-Matwey, do silêncio, do íntimo, um problema. Aqui, tudo é barulhento, brutal e exageradamente barulhento. Os *pianissimi* se mostram como *mezzoforti*. Durante a marcha triunfal no segundo ato, o tímpano quase explode. Outro crítico escreveu: "Tão alto que os buracos voam para fora do queijo". Os sons excessivamente sobrecarregados que se derramam no rosto são, novamente, um *facial*.

Na pornografia não há nada para ser decifrado. Jeff Koons disse uma vez que o observador de suas obras poderia expelir um simples "uau". Diante de sua arte, não se faz necessário juízo, hermenêutica ou mesmo reflexão. Ela está esvaziada de qualquer profundidade e superficialidade, oferecendo-se ao consumo. Diante das esculturas lisas de Koons surge, segundo a descrição de Hans-Joachim Müller, uma "coação tátil" de tateá-las, e até mesmo o desejo de chupá-las. "Uau" expeliria também uma atriz pornô face ao falo nu superdimensionado, pouco antes de abocanhá-lo e chupá-lo.

A arte de Jeff Koons carece da transcendência que a distância exige. A imanência consumível do liso provoca somente a coação tátil. Convida o expectador ao *touch*. Dos sentidos, tato é o mais desmistificante, em oposição à visão, o mais mágico. A visão guarda distância, enquanto o tato a suprime. Sem distância, a mística e a sedução não são possíveis. A desmistificação torna tudo gozável e consumível. O tato destrói a negatividade do totalmente outro. Ele seculariza tudo o que toca. Ao contrário da visão, é incapaz de gerar estupor. Por isso, a *touchscreen* lisa também é um lugar de desmistificação e de consumo total. Ela desnuda, desmistifica o que foi tocado. Visto desse modo, é um aparato pornográfico. Hoje, em toda parte é dominante a falta de distanciamento do tipo que ocorre no pornô, no qual se toca e se lambe infinitamente.

Na estética dos filmes de hoje, o rosto é representado com frequência no *close-up*. O corpo, a linguagem do corpo e até mesmo a própria linguagem são levados ao desaparecimento. É pornográfica essa anulação da linguagem do corpo. As partes do corpo tomados em *close-up*, fragmentados, são como órgãos sexuais. O primeiro plano de um rosto é exatamente tão obsceno quanto o close pornográfico em um órgão sexual.

Belo é o objeto em seu invólucro, em seu velamento, em seu esconderijo. O objeto belo permanece mesmo apenas sob o velamento do invólucro. Benjamin exige, assim, uma hermenêutica do velamento aos críticos de arte: a tarefa da crítica de arte não é tirar o envoltório, ao contrário, deve antes atingir, pelo conhecimento mais preciso do invólucro como invólucro, a verdadeira visão do belo. A beleza não comunica nem empatia, nem observação ingênua. Ambos processos procuram retirar o invólucro ou ao menos olhar através dele. Para a contemplação do belo como segredo se chega apenas através do *conhecimento do invólucro como tal*. Deve-se sobretudo dedicar-se ao invólucro para perceber o velado. O invólucro é mais essencial do que o objeto velado.

A poesia de Goethe dedica-se, diz Benjamin, "ao espaço interior na luz velada que se refrata em vitrais coloridos". O véu motiva Goethe sem parar "onde lutava pela percepção da beleza". Benjamin cita, assim, o *Fausto* de Goethe: "Agarra-te ao que ainda te sobrou!/ Não vás largar do traje. Já demônios/ estiram sôfregos as pontas para/ Levá-lo ao mundo inferior. A ele atém-te, firme!/ Já não é a deusa que perdeste,/ Mas é divino" [versos 9945-50]. Divino é o traje. O velamento, o véu, é essencial para a beleza. A beleza, assim, não se despe ou se desvela de seu véu. A indesvelabilidade é sua essência.

O velamento também erotiza o texto. Deus escurece, diz Agostinho, a Sagrada Escritura de propósito com metáforas, com o "manto figurativo" para torná-la em um objeto da cobiça. A vestimenta bela como metáfora erotiza a escrita. A vestimenta é, portanto, essencial para o belo. A técnica do velamento torna a hermenêutica um erotismo. Ela maximaliza o *desejo pelo texto* e torna a leitura um ato de amor. A Torá se utiliza também da técnica do velamento. É apresentada como uma amante que se oculta, revelando seu rosto apenas por um momento ao amante ele mesmo oculto. A leitura se torna uma aventura erótica.

O desejo erótico no texto, segundo Barthes, se diferencia do "desejo do *strip-tease* corporal", originado de uma revelação progressiva. É pornográfico também um romance claro e compreensível que busca por um desvelamento final, uma verdade final. O erótico se sustenta *sem verdade*. Ele trabalha com a aparência.

A pornografia como nudez sem segredos e sem roupas é a figura oposta do belo. Seu lugar ideal é a vitrine. Como uma vitrine, em que se expõe uma única pérola, iluminada, ela absorve-se completamente na exposição de apenas uma coisa: o sexo. Não há um segundo motivo impróprio, semiescondido, um pouco atrasado ou quase despistado. Esconder, atrasar e despistar são estratégias espaçotemporais do belo. O cálculo do semiescondido produz um brilho provocante. O belo hesita com o aparecimento. A distração o protege do contato direto. Ela é essencial para o erótico. A pornografia é sem qualquer distração. Vai direto às coisas. A distração transforma a pornografia em uma fotografia erótica. Barthes escreve: "uma contraprova: Mapplethorpe transformou de pornográfico em erótico seus primeiros planos de genitais ao fotografar o tecido das roupas íntimas de tão perto que a foto não é mais uniforme, já que passo a me interessar pela estrutura do tecido".

A imagem erótica, ao contrário da pornográfica, distrai o olhar propriamente da coisa.

Faz da coisa secundária a coisa, ou subordina esta àquela. O belo também tem lugar na proximidade da coisa, na sua marginália. Não coisa ou verdade bela: "Às coisas mesmas" não é um mote da arte.

O Eros vence a depressão

Uma entrevista com Ronald Düker
e Wolfram Eilenberger

Revista de filosofia: nos fale primeiro sobre sua procedência, ela nos parece bastante incomum. O que traz um coreano à Alemanha, por que um metalúrgico vira filósofo?

Byung-Chul Han: Há rupturas e transformações na vida que não dá para explicar. Talvez minha decisão incomum tenha a ver principalmente com o meu nome. Adorno disse uma vez que o nome são as iniciais que não entendemos, mas obedecemos. O caracter chinês para Chul significa, pela sua sonoridade, tanto ferro como luz. Em coreano, a filosofia recebeu o nome de ciência da luz. Então eu possivelmente apenas segui ao meu nome.

RF: Até a Alemanha...

BCH: Sim, eu cheguei à Alemanha com a carta de admissão para a graduação em metalurgia na Universidade Clausthal de Tecnologia, em Zellerfeld, perto de Göttingen. Disse aos meus pais que iria continuar meu estudo técnico na Alemanha. Tive que mentir para eles, ou então não teriam me deixado vir. Coloquei-me a caminho, então, de um país completamente diferente, cuja língua na época eu não sabia falar, nem escrever, e me lancei em uma graduação completamente diferente. Era como um sonho. Eu tinha, na época, 22 anos.

RF: Seu ensaio sobre a *Sociedade do cansaço*, que já se tornou um *best-seller* na Alemanha, se tornou um livro cultuado também na Coreia do Sul. Como você explica isso?

BCH: É verdade, o livro foi bem vendido lá, assim como o *Indignai-vos!* da Stéphane Hessel aqui na Alemanha. É claro que os coreanos se viram nas teses básicas do livro de que hoje a sociedade do desempenho é uma sociedade de autoexploração voluntária e de que uma exploração sem dominação seja, pois, possível. A Coreia do Sul é uma sociedade do cansaço no seu último estágio. De fato, na Coreia pode se ver pessoas dormindo em toda parte. Os trens do metrô de Seul se parecem vagões dormitórios.

RF: E antes era diferente?

BCH: Nos tempos em que eu ia para a escola havia nas salas de aula máximas enquadradas contendo conceitos como paciência, aplicação, e assim por diante: os *slogans* clássicos de uma sociedade da disciplina. Hoje, contudo, o país se transformou em uma sociedade do desempenho, e essa transformação foi realizada de maneira mais rápida e brutal do que em qualquer outro lugar. Ninguém teve tempo para se preparar para a mais dura variante de todas do neoliberalismo. De repente, tratava-se de poder e não mais de dever ou ter quê. As salas de aula hoje estão repletas de frases como: "sim, você pode!" Nesse momento, meu livro parece atuar como um antídoto. Talvez seja o precursor de uma consciência crítica que apenas agora, contudo, tem começado a se formar.

RF: Afinal, qual é o problema com a ética do desempenho neoliberal?

BCH: O problema é que ela é muito astuta e, com isso, eficiente de um modo devastador. Vou te contar em que consiste essa astúcia. Karl Marx criticou uma sociedade regida pelo domínio estrangeiro. No capitalismo, o trabalhador é explorado, e essa exploração estrangeira atinge seu limite em um determinado nível de produção. A autoexploração a que nos submetemos de maneira voluntária é completamente diferente. A autoexploração é ilimitada! Nós nos exploramos voluntariamente até o colapso. Se eu fracasso, faço de mim mesmo o responsável por isso. Se eu sofro ao falir, então eu mesmo sou o culpado. A autoexploração é uma exploração sem dominação, pois ela acontece de modo totalmente voluntário. E é porque fica sob o signo da liberdade que ela é tão efetiva. Nunca se forma um coletivo, um "nós", que pudesse se rebelar contra o sistema.

RF: Seu diagnóstico da nossa sociedade parte do par conceitual inusual de positividade e negatividade, constatando o desaparecimento da negatividade. Para que pode ser boa a negatividade? E o que você entende, afinal, por negatividade?

BCH: A negatividade é algo que provoca uma reação de defesa imunológica. O outro é o negativo, então, que se infiltra no próprio, procurando negá-lo e destruí-lo. Eu afirmei que vivemos hoje uma era pós-imunológica. As doenças psíquicas de hoje, como a depressão, a TDAH [Transtorno por Déficit de Atenção com Hiperatividade] ou o *burnout* não são infecções causadas por uma negatividade viral ou bacteriana, mas infartos pelos quais é o excesso de positividade que é o responsável. A violência não parte apenas da negatividade, mas também da positividade, não apenas do outro, mas também do igual. A violência da positividade ou do igual é uma violência pós-imunológica. É a obesidade do sistema que adoece. Como se sabe, não há reação imunológica à obesidade.

PM: Em que medida a depressão tem a ver com o desaparecimento da negatividade?

BCH: A depressão é uma expressão da autorreferência narcísica patologicamente intensificada. O depressivo afunda e se afoga em si mesmo. Para ele, o outro foi extraviado. Vocês viram o filme *Melancolia* do Lars Von Trier? Podemos ver na protagonista Justine o que eu estou querendo dizer: ela é depressiva porque está totalmente esgotada, abatida de si mesma. Toda sua libido está dirigida à sua própria subjetividade, de tal modo que é incapaz de amar. E então, sim, então aparece um planeta, o planeta Melancolia. No inferno do igual, a chegada do completamente outro assume uma forma apocalíptica. O funesto planeta se revela a Justine como o totalmente outro que lhe arranca do pântano narcísico. Ela eclode solenemente face o funesto planeta. Ela também descobre o outro. Então passa a se dedicar e ser atenciosa com Claire e seu filho. O planeta atiça um desejo erótico. Eros, como a relação com o totalmente outro, suprime a depressão. O desastre traz consigo uma cura. Até porque desastre vem da palavra latina *desastrum* que significa má estrela. "Melancolia" é uma má estrela.

RF: Você está querendo dizer que apenas um desastre pode nos salvar?

BCH: Vivemos em uma sociedade orientada completamente pela produção, pela positividade. Ela suprime a negatividade do outro do estrangeiro para acelerar a circulação de produção e de consumo. O que se permite são apenas as diferenças consumíveis. O outro, a quem foi retirada a alteridade, não se pode amar, apenas consumir. Talvez seja por isso que hoje o interesse pelo apocalipse tem aumentado. Sente-se um inferno do igual que se gostaria de escapar.

RF: Você poderia nos oferecer uma definição mais concisa do outro?

BCH: O outro, que é também o objeto, o que fica contra e o que está presente, a decência. Temos a capacidade de perder a decência de ver o outro em sua alteridade, pois estamos todos inundados com nossa intimidade. O outro é algo que me questiona, que me arranca de minha interioridade narcísica.

RF: Mas não tem se formado justamente agora, por exemplo, na figura dos movimentos de protestos recentes a la *Occupy* um nós resistente, que reconhece a outridade no sistema representado aqui pela bolsa e pelo mercado, e que quer enfrentá-lo?

BCH: Isso não vai longe o bastante. Uma quebra da bolsa não é ainda nenhum apocalipse. É um problema interno do sistema, que deve ser rapidamente resolvido. E o que já conseguiram 300 ou 500 pessoas que rapidamente são levadas pelos policiais? Esse ainda não é o Nós que precisamos. O apocalipse é um acontecimento atópico. Ele vem de algum outro lugar.

RF: Onde você encontra então uma saída?

BCH: Uma sociedade sem os outros é uma sociedade sem Eros. A literatura, a arte e a poesia também vivem do desejo do totalmente outro. A crise da arte de hoje é talvez também uma crise do amor. Em breve não entenderemos mais, tenho certeza disso, os poemas de Paul Celan, pois se destinam ao totalmente outro. Com os novos meios de comunicação também abolimos o outro. Em um poema de Celan, o significado disso é: "Tu estás tão próximo como se não estivesses aqui". É disso que se trata! A ausência que é o traço principal do outro, a negatividade. Por que ele não está aqui, não posso falar. Apenas por essa razão a poesia é possível. O Eros se direciona ao totalmente outro.

RF: Então o amor seria uma opção utópica, impossível de se cumprir?

BCH: O desejo se alimenta do impossível. Mas se aparece constantemente, como na propaganda, "você pode" e "tudo é possível", então é o fim do desejo erótico. Não há mais amor, pois nos supomos livres, pois escolhemos entre demasiadas opções. O outro é naturalmente o inimigo. Mas o outro também é o amado. É como o amor cortês medieval do qual falou Jacques Lacan, é um buraco negro em torno do qual o desejo se adensa. Não conhecemos mais esse buraco.

PM: Não substituímos a crença na transcendência na crença na transparência? É na política acima de tudo que não se fala de outra coisa.

BCH: Sim, o segredo é uma negatividade. É caracterizado pela privação. A transcendência também é uma negatividade, enquanto a imanência constitui uma positividade. Então, o excesso de positividade se manifesta como um terror da imanência. A sociedade da transparência é uma sociedade da positividade.

RF: A que você remonta o culto à transparência?

BCH: Antes de tudo deve-se compreender o paradigma digital. Considero a tecnologia digital um corte igualmente histórico e dramático, como a descoberta da escrita ou da imprensa. O próprio digital insta à transparência. Ao apertar uma tecla no computador, tenho um resultado imediato. A temporalidade da sociedade da transparência é uma imediatidade, um tempo real. O congestionamento, o congestionamento de informação, não é mais tolerado. Tudo deve se mostrar no presente da visibilidade imediata.

RF: A opinião do Partido Pirata é que a política só pode se beneficiar dessa imediatidade.

BCH: "Liquid feedback" é a palavra mágica. É como se a democracia representativa trouxesse consigo um congestionamento do tempo insuportável. Mas essa opinião leva a um enorme problema: pois há coisas que não se submetem à imediatidade. Coisas que precisam primeiro amadurecer. E a política deveria ser justamente um experimento, no sentido de um experimento com resultado aberto. Mas enquanto se está experimentando, o resultado não pode ter sido já conhecido. Enquanto se tenta realizar algo visionário, se necessita de congestionamento de tempo. A política desejada pelo Partido Pirata é, assim, necessariamente uma política sem nada de visionário. E isso vale também para o âmbito das empresas. Constantemente há algum tipo de avaliação. Todo dia deve ser apresentado um resultado excelente. Nenhum projeto de longo prazo é mais possível. O hábito digital significa também que nós trocamos constantemente de pontos de vista. Assim, não há mais político. Político é alguém que persiste em um ponto de vista.

RF: E tudo isso você compreende como um resultado da nova tecnologia?

BCH: O que significa, pois, digital? Digital vem da palavra *digitus* que em latim significa dedo. No digital o fazer humano é reduzido à ponta do dedo. Faz já um bom tempo que a atividade humana está associada com a mão. A palavra alemã para ato, *Handlung*, assim como para artesanato, *Handwerk*, literalmente trabalho manual, são conceitos que dão uma mostra disso. Em português poderíamos nos lembrar, por exemplo, de manufatura. Mas hoje temos usado ainda mais os dedos. É essa a facilidade digital do ser. Um ato em sentido enfático é, contudo, sempre um tipo de drama. O fetiche de Heidegger com as mãos já era um protesto contra o digital.

RF: A questão se ainda é possível agir e experimentar se reflete também no fato de que nessa nova lógica digital não há mais lideranças, que se faz uma política sem liderança.

BCH: Esse é justamente o caso do Partido Pirata. Liderar é uma atividade diferente. Quando se quer liderar, é preciso ter em vista o futuro. Um líder olha em direção ao futuro. E se eu fizer um experimento político, preciso também poder correr um risco, pois o resultado não está disponível imediatamente, pois eu me dirijo a um lugar imprevisível. Um líder no sentido de vanguarda se dirige ao imprevisível. A transparência, vinculada ao digital, ao contrário, anseia uma previsibilidade total. Tudo deve ser previsível. Ela seria então previsão, cálculo. O ato vai sempre rumo ao imprevisível, ao futuro e além. Ou seja, a sociedade da transparência é uma sociedade sem futuro. O futuro é uma dimensão temporal do totalmente outro. Futuro hoje não significa muita outra coisa do que presente otimizado.

RF: Essa celebração da imediatidade não tem algo a ver também com a infantilização? Até mesmo trintões não podem suportar quando seus pais não lhes dão imediatamente o que eles querem.

BCH: Claro. O digital nos infantiliza, pois não conseguimos mais esperar. Pense como tem sido perdida a temporalidade do amor.

Dizer "eu te amo" é uma promessa em relação ao futuro. Os atos humanos que são enfaticamente futuros, como a responsabilidade ou a promessa, estão cada vez mais atrofiados hoje. O saber, o reconhecimento, a compreensão ou a experiência também possuem um horizonte temporal do futuro. A temporalidade da informação ou da vivência é, ao contrário, o presente. Há uma nova doença da sociedade da informação. Seu nome em inglês é Síndrome da Fadiga Informativa. Um de seus sintomas é a paralisia das capacidades analíticas. No meio do fluxo de informações, claramente já não se tem mais condições de diferenciar o essencial do inessencial. Outro sintoma interessante é a incapacidade de assumir responsabilidade.

RF: Você chama a sociedade da transparência também de "sociedade pornográfica". Por quê?

BCH: A sociedade da transparência é uma sociedade pornográfica, na medida em que a visibilidade é totalizada e absolutizada, fazendo com que o segredo desapareça totalmente. O capitalismo agrava a pornografização da sociedade ao expor tudo como mercadoria, fazendo com que fiquem à mercê da visibilidade. O que se aspira é a maximização do valor de exposição. O capitalismo não conhece outro uso da sexualidade. A tensão erótica não vem da exposição permanente da nudez, mas da encenação entre o acender e o apagar das luzes. É a negatividade da interrupção que defere à nudez um brilho erótico.

RF: O pornográfico destrói, portanto, o erótico.

BCH: Sim. Pensem nesse momento maravilhoso da *Madame Bovary* de Flaubert: a viagem de carruagem com Leon e Emma – uma viagem sem sentido por toda a cidade, na qual o leitor não experiencia nada, mas também não acontece absolutamente nada na própria carruagem. Flaubert enumera, em vez disso, as praças e ruas. E no fim, Emma estende sua mão para fora da janela, fazendo içar retalhos de papel como borboletas sobre o campo de trevos. Sua mão é a única coisa que está nua nessa cena – é o momento erótico imaginável. Porque não se vê nada. Na hipervisibilidade que nos cerca isso não é mais imaginável.

RF: Qual o papel da filosofia face ao inferno do igual?

BCH: A filosofia é para mim a tentativa de projetar uma forma de vida totalmente outra, de experimentar ao menos no pensamento um outro projeto de vida. Aristóteles nos indicou isso. Ele criou a vida contemplativa. Hoje, a filosofia está bem distante dela. Ela se tornou parte do inferno do igual. Em uma carta, Heidegger compara o pensamento com Eros. Fala do batimento de asas do Eros, pelo qual seu pensamento é levado para o que ainda não fora pensado. A filosofia talvez seja uma carícia que desenha formas e modelos de linguagem na pele do outro sem linguagem.

RF: Nesse meio-tempo você acabou virando um professor titular, mas houve algumas tensões na sua relação com a filosofia acadêmica, não é mesmo?

BCH: Como você sabe, sou um professor de filosofia em uma Academia de Arte. Provavelmente eu sou animado demais para um departamento de filosofia em uma universidade. A filosofia acadêmica na Alemanha, infelizmente, é dura e sem vida. Ela não se aventura no presente, nos problemas sociais do presente.

RF: Onde está para você os grandes desafios para o pensamento?

BCH: Hoje há tantas coisas e acontecimentos que necessitam de discussão filosófica. Depressão, transparência ou mesmo Partido Pirata são problemas filosóficos para mim. Sobretudo a digitalização e a conexão digital constituem hoje uma tarefa e um desafio especial para a filosofia. Precisamos de uma nova antropologia, digital, uma teoria da percepção e do conhecimento. Precisamos de uma filosofia social e uma filosofia da cultura digitais. Há tempos que deveria ter sido feito um *update* digital do *Ser e tempo* de Heidegger.

RF: Como assim?

BCH: Heidegger substituiu o sujeito pelo "ser-aí". Precisamos, então, substituir o sujeito pelo projeto. Não estamos mais "lançados". Não temos "destino". Somos projetos que projetam. A digitalização fez com que a "coisa" de Heidegger desaparecesse. Ela produz um novo ser e um novo tempo. Temos que nos arriscar mais na teoria. A filosofia acadêmica é tímida demais para isso. Queria mais coragem e atrevimento. "Espírito" significa originalmente inquietude ou comoção. A filosofia acadêmica, vista assim, não tem espírito.

O capitalismo não gosta do silêncio

Uma entrevista com Thomas Ostermeier e Florian Borchmeyer

Thomas Ostermeier: Poderíamos explicar o desencadeamento do mercado financeiro pela ganância?

Byung-Chul Han: Apenas pela ganância vocês não conseguirão explicar o capitalismo. Acredito que no meio-tempo também tem operado o impulso de morte. Talvez estejamos arruinando a nós mesmos. Destruir para gerar crescimento. Não há renovação. Renovação consiste em envelhecer o mais rápido possível as coisas. Uma máquina de destruição, na verdade. Hoje, as coisas são natimortos. A guerra surge quando as forças de produção explosivas se descarregam de um modo antinatural devido à carência de mercado de consumo. A guerra destrói as coisas de um modo antinatural. O consumo destrói as coisas de um modo natural. Nós consumimos pela paz. (Ri) Não apenas a destruição da natureza, mas também a destruição mental...

TO: ...e a destruição pessoal. O que você descreve na *Sociedade do cansaço* é de fato uma destruição da psique humana...

BCH: ...sim, e justamente por isso que falo que o impulso de morte...

Florian Borchmeyer: Talvez se trate não apenas de ganância, mas de anseio. O capitalismo é um sistema que gera o desejo que até então não existia em absoluto. Novas necessidades e anseios para as quais se descobrem novos produtos que antes ninguém precisava.

BCH: Eva Ilouz conecta o capitalismo com o Romantismo, com o Romantismo consumista. Mas eu não sei em que medida o capitalismo é romântico. O anseio diz respeito ao impossível, ao inalcançável. Ele não é passível de ser consumido. O que existe é, ao contrário, uma aniquilação do anseio. Quem hoje sente anseio de amor? O próprio amor consiste de sensações consumíveis. O capitalismo produz constantemente necessidades consumíveis. Depois de um novo *smartphone* não se sente mais anseio. A própria internet não é um espaço do anseio.

TO: Você escreve no seu livro que o capitalismo não é uma religião – ele não concede culpa ou expiação.

BCH: Sim, eu disse isso, sobretudo contra a teoria de Walter Benjamin. Ele disse que o capitalismo é um culto não expiatório, mas apenas culpabilizador. Mas à religião pertence essencialmente tanto a culpa quanto a expiação, uma religião sem redenção não é uma religião. O capitalismo é apenas culpabilizador. A pessoa se culpa, talvez, por não ser livre. Quando se é livre, deve-se agir e negociar. Relega-se a culpa ou as dívidas para não precisar negociar. Sim, também é Max Weber quem conecta o capitalismo com a possibilidade de redenção.

TO: Em que consiste a redenção no capitalismo?

BCH: Nem todos são eleitos. E as pessoas não sabem se são ou não eleitas, e se eu for bem-sucedido, acumulando capital, pertenço aos escolhidos.

TO: Calvinismo... mas o capitalismo não promete uma redenção no além, somente neste mundo.

BCH: Se eu ganho dez milhões de euros por ano, então já estou em uma dimensão do sublime.

TO: Mas não do redentor.

BCH: A aparência de redenção. Se eu possuo uma fortuna tão grande, surge a ilusão de onipotência e imortalidade. Fortuna – que bela palavra. Fortuna infinita maximiza o que se pode fazer e eclipsa a finitude. Em que consiste a redenção? Essa ilusão deve ser suficiente. Há nisso uma dimensão muito teológica, e que nada tem a ver com a ganância material. Há no capitalismo várias dimensões do impulso de morte. Quanto nós destruímos? Todos sabem: as coisas hoje se tornaram natimortas.

TO: Então nos fale um pouco sobre o amor. O teatro está em uma grande crise, porque somos incapazes de narrar sentimentos no palco.

BCH: Por que o teatro precisa necessariamente de sentimentos?

TO: Porque são descritas situações emocionais.

BCH: Podem descrever as situações, então virá as emoções e aí surgem os sentimentos. Eu assumo um personagem, e faço um gesto sem emoção. E isso pode arrebatar o público. Se eu crio um personagem, um gesto, surge disso uma narrativa. Narrar produz sentimentos. Se quero expressar sentimentos de forma imediata, aí já virou pornô, o que é a crítica de Botho Strauß. O teatro hoje é pornográfico, carece do erótico. Os atores são todos psicopatas. Isso é ele quem diz, ao falar de uma degeneração fundamental do teatro.

TO: E sobre o que se deveria narrar?

BCH: Narrativas!

TO: É claro. Mas há o momento no qual na trama o expectador é levado a um momento – para usar um conceito antiquíssimo, a catarse – em que pode se purgar emocionalmente, por ter uma vivência emocional: por seguir uma narrativa.

BCH: Sentimentos são sempre codificados. E no teatro era de tal modo – mesmo ainda no século XVIII – que a sociedade sempre confirma o código. E no interior desse código surgia também os sentimentos. Sentimentos são confirmações desse código.

FB: Talvez não devêssemos nos limitar tanto às narrativas de sentimentos. Pois os sentimentos não são mesmo narrados como o tema do drama – eles são a força impulsionadora no interior de um drama...

BCH: Mas isso é bem interessante!

FB: ...A sensação não forma a narrativa em si, pois então se cairia, de fato, rapidamente no pornô, como quando se quer fazer uma peça de teatro sobre um sentimento, uma peça sobre o amor que explica ou expõe o amor. Mas os sentimentos são, contudo, em toda narrativa dramática desde as tragédias gregas, as forças impulsionadoras. Na *Antígona* os sentimentos também não são talvez o tema, mas sim a força que impulsiona.

TO: A propulsão para agir é sempre uma diferença entre como um personagem se situa e como ele gostaria de ser situado. E é por isso que um personagem começa a agir.

FB: E o que acontece é, segundo Aristóteles, medo e compaixão. O que, por sua vez, são categorias emocionais.

BCH: Senhor Ostermeier, você disse: a crise do teatro atual consiste no esforço de narrar sentimentos. Por que isso é uma crise atual? Antes era diferente?

TO: Era diferente, sim, porque sentimentos não eram malvistos, porque sentimentos existiam e era possível correspondê-los com palavras. Enquanto nós, como está descrito no seu livro, perdemos o Eros ao perdermos o outro.

BCH: Hoje os sentimentos são malvistos? Como assim?

TO: No teatro ao menos é assim. Sentimentos como compaixão, tristeza, empatia, afeto, fervor são malvistos...

FB: ...ao menos sua representação inabalável...

TO: A emoção básica que eu recebo do palco quando assisto uma peça de teatro mediana é agressão. Agressão frontal, pelo que me pergunto sempre: por que alguém fica ali gritando comigo sem parar? Eu não fiz nada para ele.

BCH: Entendo... fui faz pouco tempo ao teatro. Era muito barulhento. Incomoda-me, atormenta-me. Fui embora no intervalo. Tenho preferência por um teatro do silêncio, só de sussurros. Por que se grita assim?

TO: É o que eu não paro de me perguntar. Seria apenas uma expressão para o fato de que não dispomos mais da instrumentária? Não porque o teatro está em crise, mas porque o teatro só pode ser tão bom quanto a sociedade que ele reflete. E uma sociedade que apenas grita ou uma que é silenciosa faz um teatro que apenas grita ou que não existe mais. Como seria então uma resposta possível a essa questão da crise dos sentimentos?

BCH: É preciso começar primeiro explicando o conceito. Sentimento é algo totalmente diferente de emoção. Sentimento é totalmente diferente de afeto. Na sua questão prevalece, nesse sentido, um uso de conceitos pouco definidos. É preciso clareza dos conceitos para se poder discutir. Você pode falar do sentimento de beleza. Mas não poderá dizer: a emoção do belo ou o afeto do belo. E só com isso você pode deduzir como é perigosa a diferença entre sentimento e afeto. Para ter bom controle de bola, no futebol, por exemplo, a gente fala que é preciso sentir a bola. Não ter um afeto pela bola, ou mesmo uma emoção (ri). Sentir a língua. O sentimento é um estado ou uma capacidade, algo estático. E emoção é algo mais *émouvoir*. Ou seja, a emoção pode desencadear uma trama. Podemos falar o seguinte: nos encontramos em uma crise dos sentimentos devido à conjuntura dos afetos. Por que gritam tanto no palco, foi o que você me perguntou agora. Atuam com afetos, não com sentimentos. Sentimentos são intersubjetivos. Sentimentos provocam comunidade. Ou seja, é algo social. Afetos podem ser muito associais, algo isolado ou isolador.

TO: A raiva é um afeto ou um sentimento?

BCH: Depende do contexto. Não se pode cantar um afeto. Narrar sentimentos significa cantar. No teatro, se canta. Para cantar é preciso uma estrutura narrativa, um espaço narrativo. Por isso, depende o que se entende por raiva. Tome "ménis", a primeira palavra da *Ilíada*.

FB: A narrativa da cólera: "Aira canta, musa"...

BCH: O primeiro drama da cultura europeia inicia com a cólera, "ménis". Cantar a cólera. Essa cólera que pode ser cantada não é um mero afeto, mas algo que traga toda a comunidade, que provoca toda a narrativa.

FB: Narra-se uma cólera que, entretanto, sai da raiva individual de Aquiles...

BCH: É claro!

FB: ...que questiona todo o sistema social e, pior ainda, também o mundo dos deuses. Pois a *Ilíada* narra a história da Guerra de Troia do início ao fim. O drama pega seu começo, o surgimento da cólera de Aquiles. E quando a cólera é apaziguada, o drama também termina. Desse modo, esse sentimento da cólera é dramático.

BCH: Essa cólera pode ser cantada, ou seja: pode ser narrada. E, nesse drama, o problema não diz respeito à questão sobre como é possível narrar sentimentos. Esse drama diz respeito à narrativa de um dos sentimentos, a cólera. Essa crise dos sentimentos só pode ser entendida quando se faz a distinção entre sentimentos e afetos. Para produzir sentimentos, você precisa abrir um campo de ressonância. Afetos não precisam disso. Eles são como um projétil. Os afetos procuram uma trajetória. Não são capazes de abrir um espaço.

TO: Segundo o seu conhecimento da história espiritual, haveria determinados sentimentos em desaparecimento? E outros se proliferando? Ou só se pode dizer que sentimentos estão ficando menores e os afetos maiores?

BCH: Eu acho que sentimentos são espacialidades que não podem ser consumidas. Mas emoções e afetos podem ser tornados consumíveis.

TO: (cochicha) sentimentos também!

BCH: Sentimentos não são passíveis de serem consumidos. A tristeza você não pode consumir. Não se faz dinheiro com a tristeza. Hoje há cidadãos enraivecidos e ondas de indignação. Mas essa indignação é uma cólera?

A cólera pode ser cantada. A indignação não, essa tempestade de merda. A indignação é algo subjetivo, isolado.

TO: E os *indignados* na Espanha?

BCH: Não apenas eles, mas também todo esse movimento do Occupy vão morrer na praia.

TO: Por quê?

BCH: Esse sistema isola as pessoas. Como pode surgir um "nós" em um sistema onde cada um é por si mesmo? Tudo é efêmero.

TO: Mas ao mesmo tempo está-se sempre retratando como as empresas hoje constroem sentimentos como se fossem uma família. O intento consiste em fidelizar emocionalmente o trabalhador na empresa para que possa ser melhor aproveitável... um trabalhador de uma fábrica sabia até agora: meu chefe me explora, eu não tenho escolha, pois minhas cinco crianças precisam se alimentar. Agora, ao contrário, ocorre um fenômeno que você também descreve no seu livro *Sociedade do cansaço: a autoexploração*. E ela começa já ali onde eu digo: "a minha empresa, para a qual eu trabalho, é minha família, meu país natal, meu lugar, no qual eu também sou conservado emocionalmente".

BCH: O capitalismo torna o sentimento parte da economia. Se eu tomo uma decisão racional de comprar algo, não vou comprar muita coisa. É preciso mobilizar as emoções para gerar mais necessidades.

FB: Emoção ou sentimento?

BCH: Emoção! Emoção é um movimento que me move para me agarrar. As emoções são bem instáveis, a razão é mais estável. Posso reter minhas convicções, mas as emoções oscilam, e para gerar faturamento e necessidades o capitalismo precisa mais delas do que da razão. Por isso o capitalismo descobriu as emoções no âmbito do consumo. Anúncios têm que despertar emoções para que as pessoas comprem e consumam para além da necessidade racional. Também no âmbito da administração de uma empresa se descobriu as emoções, pois a administração emocional é muito mais profunda, de modo que com ela é possível explorar mais fundo. O sentimento de liberdade de "não trabalhar para outra pessoa, você se otimiza, se projeta..." segue o mesmo mecanismo do "eu estou em uma família, me desenvolvo e evoluo"...

TO: ..."Faço um projeto"...

BCH: ...Uma iniciativa... e assim por diante. Isso é claramente mais eficiente do que a exploração estrangeira. Com emoções é possível apertar os grilhões interiores, e eles são ainda piores do que os externos.

TO: A economia dos afetos ao custo dos sentimentos. Seria possível ousar a tese que você já insinuou: quanto mais perdemos a comunidade, mais perdemos também os sentimentos.

BCH: Botho Strauß diz: "se ouvimos o tom quase cantante, feminino prateado, do que se segue, no instante seguinte, um intervalo repentino, e um ruído gutural, quase gritante, às vezes devidamente ordinário. A mudança rápida de tom não é um gesto de coloratura, mas uma pujança de ligação dialógica: querer experimentar incondicionalmente o outro e o que há de comum com ele".

Para Botho Strauß, o teatro é um espaço dialógico, e apenas ali há Eros – esse esforço de se aproximar do outro.

TO: Esse tem sido meu tema principal dos ensaios nos últimos dois anos. Porque eu conheci esse tema primeiro por mim mesmo por uma grande frustração no ofício de ator, porque eu disse: "mas não deixem de querer produzir sentimentos apenas de vocês mesmos".

Antes se olhava para os outros. Eu não sei se antes realmente se atuava uns com os outros, ao menos eles se olhavam, tinham uma codificação estética... E tentavam experienciar, entender ou persuadir o outro ator. Na arte de direção teatral de hoje em dia, há um pressuposto estético de base: "vá ao palco, olhe para o público e grite". O que foi, do ponto de vista da história do teatro, um ato revolucionário, se tornou um gesto esteticamente tão banal, oco, pois já não é mais revolucionário, mas repetição de um modelo velho.

BCH: Se se quiser falar de sentimentos, deve-se primeiro aprender a atuar uns com os outros. Ao se atuar uns com os outros é que há uma narrativa.

TO: É exatamente isso o que eu faço nos meus ensaios. Digo aos atores: parem de uma vez de irem às coisas como artesãos, pensando: aqui é o personagem que estou moldando agora com meu instrumento.

BCH: O teatro tem se tornado cada vez mais barulhento. No teatro japonês me sinto bem, no Teatro Nô, no Kabuki, neles não fico tão acossado. Gosto de ir ao cinema. No teatro me sinto acossado pelas pessoas que atuam. (ri)

TO: ...porque as pessoas que atuam só tem um sentimento: querem acossar. Isso é ridículo. O teatro barulhento é a expressão de uma sociedade para a qual o sentimento como fenômeno de comunidade foi perdido, mas, porque queremos causar sentimentos no teatro, lidamos com afetos para provocá-los.

BCH: Provocar?

TO: Sim, nossos afetos provocam uma emoção no auditório.

BCH: Na verdade, os afetos não podem gerar nenhum sentimento.

TO: Não, na verdade afetos opostos. Afetos provocam justamente o que você disse agora há pouco: que gritaria! Essa foi sua reação – e ela não é outra coisa do que um afeto, certo?

BCH: Não, era uma gritaria. Não tinha nenhuma tensão narrativa.

TO: Tensão narrativa está totalmente malvista!

BCH: Apenas tensões narrativas geram sentimentos.

TO: Como fazer isso em meio teatral no qual o discurso dominante se chama pós-dramaturgia?

BCH: E o que significa pós-dramaturgia?

FB: Estados em vez de atos...

TO: Pós-dramaturgia significa: em um mundo, no qual não se pode mais haver narrativas, porque não posso me identificar mais com sujeitos que atuam, não posso mais construir uma narração dramática. Não sei quem é responsável pelo que está acontecendo ali. E ao procurar espelhar esse mundo, só posso fazer isso de modo pós-dramático.

BCH: Mas pode se fazer um esboço alternativo.

TO: É o que eu desesperadamente venho tentando fazer com o meu teatro.

BCH: Não devemos, contudo, repetir o que já foi superado há tempos, mas inventar uma nova forma de narrativa.

TO: Isso é dramático. A tensão da narrativa gera sentimentos. Para isso, contudo, preciso de um ato dramático.

BCH: Não sei se a narração precisa ser sempre dramática.

TO: Não, não precisa. Tem os romances também.

FB: Certamente, e talvez precisemos ainda ir além do teatro. Você escreveu em *Agonia do Eros* o seguinte: "o amor hoje é positivado em uma forma de gozo, tem que gerar sobretudo um sentimento positivo, não é mais um ato, uma narrativa ou um drama, mas emoção e excitação sem efeitos". Temos até agora nos aproximado disso pelo teatro. Mas parece apenas ser um espelho do que se passa na nossa sociedade.

BCH: O amor também não é uma narrativa. Hoje o amor é apenas um arranjo de sentimentos agradáveis, consumíveis. Fidelidade não é uma emoção, é um ato. Determinação. A fidelidade torna o acaso em destino. Ela gera a eternidade.

TO: A maioria das pessoas pensa hoje que o amor é um banho de espuma.

BCH: Uma ducha escocesa, que alterna entre água quente e água fria, mas de afetos. E por isso trocam de parceiros, porque ficam com fome de um novo afeto, de novas experiências afetivas. Então se perde a estabilidade do amor.

TO: Qual seria sua resposta à questão da satisfação dos afetos pela troca constante de parceiros?

BCH: Ela surge porque o amor não é mais um ato. Na *Carta a D.* de Gorz, uma carta de um filósofo francês à sua mulher, pode ser encontrada essa demonstração de fidelidade: "você tem 85 anos e ficou 5cm menor, pesa apenas 40 quilos, mas ainda é atraente". Essa fidelidade é um ato. A fidelidade não surge tão facilmente como sentimento.

TO: Mas aí vêm afetos que se intrometem, do tipo: "que droga, como sei que essa pessoa é a pessoa que eu amo e com a qual quero ter um ato de amor e um ato de fidelidade por toda minha vida, e não os outros oito que eu também poderia ter".

BCH: Hoje vivemos numa sociedade que não há mais atos. E em uma sociedade dos afetos, não posso atuar. Talvez a poligamia ou essa tal sociedade "poliamorosa" – uma expressão horrorosa – possa ser reduzida ao modo de produção capitalista ou neoliberal. Maximizar possibilidades de escolha. E ainda: maximizar opções de afeto. O modo de produção econômico se reflete também no âmbito amoroso.

FB: Em *Agonia do Eros* você escreve: hoje os outros têm desaparecido. O que você quer dizer com isso?

BCH: Em nome da liberdade eliminamos os outros, sua negatividade. Em nome da liberdade, também nos livramos de todos significantes masculinos, como deus ou falo. Vou contar pra vocês a história de um artista japonês que cortou seu falo e pediu para um chefe cozinhá-lo e convidou pessoas no Twitter para comê-lo. Então ele fez uma *performance* e seus convidados comeram o falo.

Ele queria ser livre e independente do sexo e queria adotar todas identidades. Para essa totalização da liberdade, pagamos um preço hoje: falta de orientação, de conexão. Não temos nada que se opõe, nenhum outro. Cada um opõe apenas a si mesmo.

TO: Há pouco você tratou do problema da fidelidade. Por que você acha que tantas pessoas na nossa sociedade têm um problema com a fidelidade?

BCH: Fidelidade e produtividade excluem-se mutuamente. É a infidelidade que zela por mais crescimento e produtividade. Queria, contudo, voltar ao teatro. Para você, o teatro do futuro é um lugar sem coações econômicas. Eu também teria uma imagem do teatro do futuro. Deve ser um teatro do silêncio. Talvez estejamos falando da mesma coisa. O capitalismo não gosta do silêncio.

Notas

[i] Arthur Schnitzler, *Aphorismen und Betrachtungen*, Frankfurt a.M., 1967, p. 177ss.

[ii] Sigmund Freud, *Das Unbehagen in der Kultur. Und andere kulturtheoretische Schriften*, Frankfurt a.M., 1994, p. 76.

[iii] Bernard Maris/Gilles Dostaler, *Capitalisme et pulsion de mort*, Paris 2010, p. 9. Tradução de Byung-Chul Han.

[iv] Sigmund Freud, "Jenseits des Lustprinzips". In: *Psychologie des Unbewussten. Studienausgabe*, Tomo 3. Frankfurt a. M., 1989, p. 213-272. Aqui, p. 248.

[v] Id., p. 249.

[vi] Id.

[vii] Freud, *Das Unbehagen in der Kultur*, op. cit., p. 83.

[viii] Id., p. 82. Versão brasileira p. 111.

[ix] Id., p. 85. Versão brasileira p. 114.

[x] Freud, *Jenseits des Lustprinzips*, op. cit., p. 249.

[xi] Comparar com Luigi De Marchi, *Der Urschock. Unsere Psyche, die Kultur und der Tod*, Darmstadt 1988.

[xii] Georg Baudler, *Ursünde Gewalt. Das Ringen um Gewaltfreiheit*, Düsseldorf 2001, p. 116.

[xiii] E. S. Craighill Handy, *Polynesian Religion*, Honolulu 1927, p. 31. Op. cit. Elias Canetti, *Masse und Macht*, Hamburgo 1984, p. 287-288.

[xiv] Jean Baudrillard, *Der symbolische Tausch und der Tod*, Berlim 2011, p. 228.

[xv] Erich Fromm, *Anatomie der menschlichen Destruktivität*, Reinbek 1977, p. 394.

[xvi] Baudrillard, *Der symbolische Tausch und der Tod,* op. cit., p. 324.

[xvii] Id., p. 79.

[xviii] Norman O. Brown, *Zukunft im Zeichen des Eros*, Pfullingen 1962, p. 351.

[xix] Georges Bataille, *Die Erotik*, Munique 1994, p. 234.

[xx] Id., p. 13.

[xxi] Baudrillard, *Der symbolische Tausch und der Tod*, op. cit., p. 282.

[xxii] Theodor W. Adorno, *Philosophische Terminologie*, Frankfurt a. M., 1974, p. 181-182.

[xxiii] Theodor W. Adorno, *Minima Moralia. Reflexione naus dem beschädigten Leben*, Frankfurt a. M., 1951, p. 96.

[xxiv] Freud, *Das Unbehagen in der Kultur*, op. cit., p. 160-161.

[xxv] N.T.: ZDF, Zweites Deutsches Fernsehen [Canal 2 alemão] é uma das maiores emissoras de televisão públicas alemã e independente. ARD, Arbeitsgemeinschaft der öffentlich-rechtlichen Rundfunkanstalten der Bundesrepublik Deutschland [Associação de trabalho das emissoras de radiodifusão pública da República Alemã], por sua vez, é o canal 1.

[xxvi] N.T.: SPD, Partido Social-Democrata Alemão, é um partido tradicional de centro-esquerda no cenário alemão.

Referências dos textos

"Capitalismo e impulso de morte": publicado pela primeira vez nesse volume.

"Por que hoje uma revolução não é possível": publicado no *Süddeutsche Zeitung*, 3 de setembro de 2014.

"A exploração total do ser humano": publicado no *Süddeutsche Zeitung* de 20 de junho de 2016.

"No panóptico digital": publicado na *Der Spiegel* 2/2014.

"Apenas a morte é transparente": publicado na *Die Zeit* 03/2012.

"Dataísmo e niilismo": publicado na *Die Zeit* 40/2013.

"Vazio atroz": publicado no *Die Welt* de 30 de dezembro de 2015 sob o título de "Vazio atroz. O narcisismo é a razão das *selfies* e do terror".

"O homem saltitante": publicado na *Die Zeit* 04/2016.

"De onde vêm os refugiados?": publicado em *Der Tagesspiegel* de 17 de setembro de 2015.

"Onde moram os caras selvagens": publicado no *Die Welt* de 8 de setembro de 2015.

"Quem é refugiado?": publicado no *Frankfurter Allgemeine Zeitung* de 24 de janeiro de 2017.

"A beleza está no estrangeiro": publicado no *Die Welt* de 24 de novembro de 2017 sob o título "Os alemães devem permanecer alemães".

"A urgência de tudo": publicado na *Die Zeit* 25/2013.

"*In your face* – A pornograficação das artes ou da coação de ir sem desejo às coisas": publicado na *Antiquity 3*, 2009-2011.

"O Eros vence a depressão": publicado na *Philosophie Magazin* 05/2012 © Philosophie Magazin, Berlim 2012.

"O capitalismo não gosta do silêncio": publicado no *1. Spielzeitheft der Schaubühne am Lehniner Platz* 2013/14 © Florian Borchmeyer e Thomas Ostermeier, Berlim 2013.

Para ver os livros de
BYUNG-CHUL HAN
publicados pela Vozes, acesse:

livrariavozes.com.br/autores/byung-chul-han

ou use o
QR CODE

Conecte-se conosco:

f facebook.com/editoravozes

◉ @editoravozes

𝕏 @editora_vozes

▶ youtube.com/editoravozes

◯ +55 24 2233-9033

www.vozes.com.br

Conheça nossas lojas:

www.livrariavozes.com.br

Belo Horizonte – Brasília – Campinas – Cuiabá – Curitiba
Fortaleza – Juiz de Fora – Petrópolis – Recife – São Paulo

EDITORA VOZES LTDA.
Rua Frei Luís, 100 – Centro – Cep 25689-900 – Petrópolis, RJ
Tel.: (24) 2233-9000 – E-mail: vendas@vozes.com.br